Popular Smart Tutor Series

FrenchSmart®
tutor

Grade **7**

Credits

Photos (Front Cover "girl" Cathy Yeulet/123RF.com) (Back Cover "girl" Dmitriy Shironosov/123RF.com, "pupil" Dmitriy Shironosov/123RF.com, "pupil" Cathy Yeulet/123RF.com, "boy" Cathy Yeulet/123RF.com, "pupil" Wavebreak Media Ltd/123RF.com, "child" tomwang/123RF.com, "pupil" Wavebreak Media Ltd/123RF.com, "girl" Dmitriy Shironosov/123RF.com, "boy" Dmitriy Shironosov/123RF.com, "girl" Dmitriy Shironosov/123RF.com)

Printed in China

ISBN: 978-1-77149-210-2

Contents

ISBN: 978-1-77149-210-2

Section III :
La lecture

Section IV :
L'écriture

ISBN: 978-1-77149-210-2

ISBN: 978-1-77149-210-2

Section I

La grammaire et les conventions linguistiques

Grammar and Language Conventions

This section teaches students French grammar and language conventions. The units begin with adjectives and end with questions. This structure allows students to learn the grammar elements and ways to form questions in French.

ISBN: 978-1-77149-210-2

Les adjectifs possessifs et démonstratifs

e.g.   nom commun
↓
nos bateaux
↑
adjectif possessif au pluriel

Les adjectifs possessifs au pluriel

Un adjectif possessif démontre qui possède le nom qu'il précède. Dans ce cas, le nom commun est une possession de quelques personnes spécifiques. **a**

Un adjectif possessif au pluriel s'accorde en nombre avec le nom commun qu'il précède. Chaque adjectif possessif au pluriel est associé avec un pronom personnel au pluriel. **b**

Pronom personnel	Nom commun singulier	Nom commun pluriel
nous we	**notre canoë** our canoe	**nos tentes** our tents
vous you all	**votre dîner** your dinner	**vos dîners** your dinners
ils/elles they (m./f.)	**leur poulet** their chicken	**leurs fruits** their fruits

Un adjectif possessif au pluriel ne s'accorde pas en genre avec le nom commun qu'il précède. **c**

 notre conseiller our counsellor   *nos conseillers* our counsellors

 notre conseillère our counsellor   *nos conseillères* our counsellors

ISBN: 978-1-77149-210-2

Les adjectifs démonstratifs

Un adjectif démonstratif précède un nom commun. Un locuteur utilise un adjectif démonstratif pour distinguer le nom commun comme quelque chose spécifique. **d**

e.g.

ce	lac

adjectif → ← nom
démonstratif   commun

L'adjectif démonstratif s'accorde en genre au singulier (ce/cette) et en nombre avec le nom commun qu'il précède. Au pluriel, il y a un seul adjectif : ces. **e**

nombre	*singulier*	*pluriel*
nom commun masculin	*ce moustique* this/that mosquito	*ces nénuphars* these/those water lilies
nom commun féminin	*cette libellule* this/that dragonfly	*ces grenouilles* these/those frogs

« Ce » devient « cet » devant une voyelle ou un « h » silencieux.

e.g. *cet étang*
       this/that pond

Je lis ce livre parce que je vais faire du camping cette fin de semaine.

Le camping

a A possessive adjective demonstrates who possesses the noun it precedes. In this case, the common noun is a possession of a few specific people.
e.g. our boats

b A plural possessive adjective agrees in number with the common noun that it precedes. Each plural possessive adjective is associated with a plural personal pronoun.

c A plural possessive adjective does not agree in gender with the common noun that it precedes.

d A demonstrative adjective precedes a common noun. A speaker uses a demonstrative adjective to distinguish the common noun as something specific.

e The demonstrative adjective agrees in gender in the singular and in number with the common noun it precedes. In the plural, there is only one demonstrative adjective: these/those.

ISBN: 978-1-77149-210-2

A. Remplissez les tirets avec les bons adjectifs possessifs au pluriel.

Fill in the blanks with the correct plural possessive adjectives.

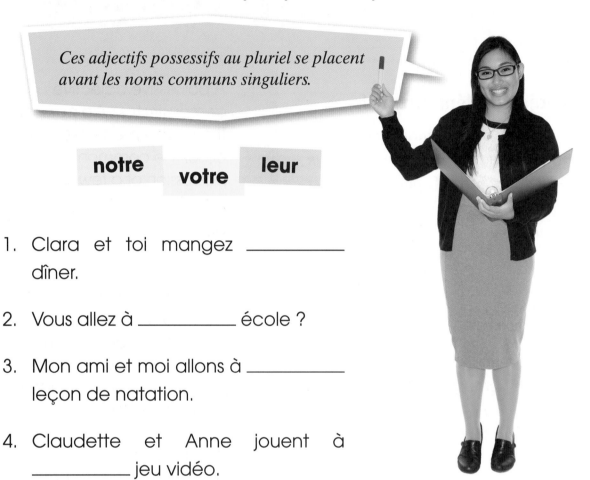

> *Ces adjectifs possessifs au pluriel se placent avant les noms communs singuliers.*

notre   **votre**   **leur**

1. Clara et toi mangez _____ dîner.

2. Vous allez à _____ école ?

3. Mon ami et moi allons à _____ leçon de natation.

4. Claudette et Anne jouent à _____ jeu vidéo.

5. Nous mangeons à _____ table dans _____ salle à manger.

6. Lucie et Marc conduisent _____ voiture.

7. Ma sœur et moi marchons à _____ école.

8.  Jean et Marc jouent avec _____ ballon de soccer.

9.  Ta mère et toi faites la vaisselle dans _____ évier.

ISBN: 978-1-77149-210-2

B. Encerclez le bon adjectif possessif au pluriel dans chaque phrase.

Circle the correct plural possessive adjective in each sentence.

> *Chaque adjectif possessif au pluriel dans les phrases vient avant un nom commun pluriel.*

1. Catarina et Louise mangent **leurs / nos** collations.

2. Vous portez **nos / vos** manteaux d'hiver.

3. Les filles portent **vos / leurs** lunettes de soleil à la plage.

4. Lucas et toi coloriez avec **leurs / vos** crayons de couleur.

5. Marc et Phillip commandent **leurs / nos** repas au restaurant.

6. Les garçons achètent **leurs / nos** bonbons au magasin.

7. Vous amenez **leurs / vos** cannes à pêche pour faire la pêche.

8. Nous couchons dans **nos / vos** sacs de couchage.

9. Ton cousin et toi amenez **leurs / vos** bicyclettes au camp.

10.  Mon équipe et moi portons **vos / nos** T-shirts.

    Ce soir, nous regardons **nos / leurs** films préférés.

ISBN: 978-1-77149-210-2

C. Remplissez les tirets avec les adjectifs démonstratifs qui s'accordent en genre et en nombre avec les noms communs.

Fill in the blanks with the demonstrative adjectives that agree in gender and number with the common nouns.

N'oubliez pas que « ce » devient « cet » devant une voyelle ou un « h » silencieux.

ce

cet

cette

ces

1. Je veux monter _____ arbre.

2. Tu veux de la moutarde dans _____ sandwich ?

3. Je fais du camping avec ma famille _____ samedi.

4. Elle veut acheter _____ bicyclette violette et rose.

5. Vas-tu regarder _____ émission de télévision ?

6. J'ai acheté _____ vêtements au magasin _____ matin.

7. Elles parlent du film qu'elles vont voir _____ fin de semaine.

8. Je pense que _____ histoire est très intéressante.

9.* Regarde _____ oiseaux-là !

10.* _____ chien-ci est très adorable.

*Souvent nous ajoutons un suffixe (-ci/-là) à la fin d'un nom commun pour distinguer la distance entre l'objet de la conversation et la personne qui parle.

loin

cet arbre-là
that tree over there

proche

ce chien-ci
this dog over here

ISBN: 978-1-77149-210-2

D. Cochez si l'adjectif démonstratif est correct dans chaque phrase. Sinon, mettez une croix et écrivez le bon adjectif démonstratif sur la ligne.

Check if the demonstrative adjective is correct in each sentence. If not, put a cross and write the correct demonstrative adjective on the line.

Assurez que l'adjectif démonstratif s'accorde en genre et en nombre avec le nom commun qu'il précède.

✔ ✘

1. Voix-tu **cette** jolies filles-là ? ◯ ; _____

2. Il veut acheter **ces** jouets-ci. ◯ ; _____

3. Vous détestez **ce** chanson. ◯ ; _____

4. Nous adorons **ces** fleurs. ◯ ; _____

5. Je n'aime pas **cet** film. C'est ennuyeux. ◯ ; _____

6. Elle joue dehors **ce** matin avec son ami. ◯ ; _____

7. Elles vont au cinéma **cette** vendredi. ◯ ; _____

8. Passe-moi **cette** pomme, s'il te plaît. ◯ ; _____

9. J'aime beaucoup **cet** saveur de crème glacée. ◯ ; _____

10. J'écris dans **cette** livre parce que c'est mon journal intime. ◯ ; _____

11. Vas-tu finir **ce** croustilles ? ◯ ; _____

12. Puis-je aller à **ces** fête ? ◯ ; _____

ISBN: 978-1-77149-210-2

Les adjectifs irréguliers

Les adjectifs irréguliers

Un adjectif décrit un nom. Il s'accorde en genre et en nombre avec ce nom. Un adjectif régulier prend un « -e » à la fin s'il est féminin, un « -s » s'il est pluriel, et « -es » s'il est féminin pluriel. [a]

Un adjectif irrégulier ne suit pas ces règles orthographiques. Il a une terminaison différente pour s'accorder en genre et en nombre avec un nom. [b]

Les adjectifs irréguliers ne suivent pas des règles spécifiques comme les adjectifs réguliers. Alors, il faut utiliser un dictionnaire pour déterminer la terminaison de chacun et la mémoriser. [c]

e.g.

m. s.	beau	fou
m. s. (devant une voyelle)	bel	fol
m. pl.	beaux	fous
f. s.	belle	folle
f. pl.	belles	folles

Dictionnaire de français

ISBN: 978-1-77149-210-2

Pour les adjectifs qui se terminent avec une consonne, il faut doubler la consonne et ajouter un « -e » pour faire l'accord avec le nom commun féminin. **d**

e.g.

m. s.	bon	gros
m. pl.	bons	gros
f. s.	bonne	grosse
f. pl.	bonnes	grosses

D'autres adjectifs irréguliers

m. s.	frais	inquiet	heureux
m. pl.	frais	inquiets	heureux
f. s.	fraîche	inquiète	heureuse
f. pl.	fraîches	inquiètes	heureuses

Le placement des adjectifs irréguliers

C'est typiquement directement avant le nom commun ou après un prédicat comme « être ». **e**

comes before the noun "film"

> Un **nouveau** film sort au cinéma !
> Ce film est **bon** !

comes after the predicate "est"

a An adjective describes a noun. A regular adjective takes "-e" if it is feminine, "-s" if it is plural, and "-es" if it is feminine plural.

b An irregular adjective does not follow these spelling rules. It has a different ending to agree in gender and number with a noun.

c Irregular adjectives do not follow specific rules like regular adjectives do. So, you must use a dictionary to determine the ending of each and memorize it.

d For adjectives that end with a consonant, you must double the consonant and add "-e" to make it agree with a feminine noun.

e Irregular adjectives typically come directly before the common noun or after a predicate like "to be".

CINÉMA

ISBN: 978-1-77149-210-2

A. Remplissez chaque grille avec les adjectifs irréguliers qui manquent. Ensuite complétez les phrases en utilisant des adjectifs irréguliers des grilles.

Fill in each chart with the missing irregular adjectives. Then complete the sentences using irregular adjectives from the charts.

1.

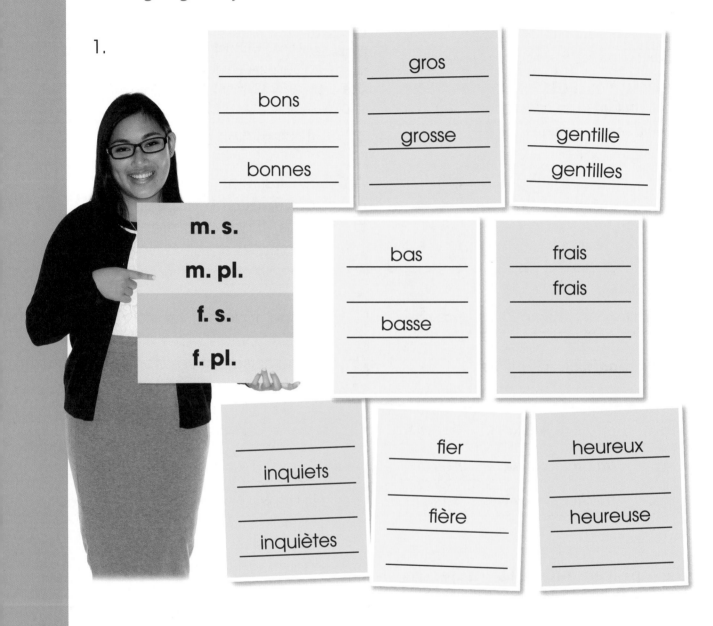

2. Je n'aime pas trop les sièges qui sont _____ et très près de l'écran.

3. Voulez-vous de la pizza ? Elle est _____ .

4. Ce film a reçu de _____ critiques. Allons le voir !

5. Les filles sont _____ d'avoir fini leurs devoirs.

6. Vous avez faites une _____ erreur.

ISBN: 978-1-77149-210-2

B. Écrivez le bon adjectif irrégulier pour compléter chaque phrase.

Write the correct irregular adjective to complete each sentence.

1 Italien
Italiennes
Italienne

2 bonne
bon
bons

3 douce
doux
douces

4 vieux
vieille
vieilles

5 nouvelle
nouveaux
nouveau

6 fraîche
frais
fraîches

7 délicieux
délicieuses
délicieuse

8 cher
chère
chers

9 dernière
dernier
derniers

1. La jeune fille est _____ .

2.

   Vous avez donné une _____ réponse.

3. Je me couche sur un oreiller _____ .

4. Ma grand-mère est très _____ .

5. Je lis mon _____ livre.

6. Les fruits sont très _____ .

7. Les bonbons sont _____ .

8. Tu écris une lettre à ton _____ ami.

9. J'ai presque fini la _____ étape.

ISBN: 978-1-77149-210-2

C. Écrivez l'adjectif irrégulier qui s'accorde en genre et en nombre avec le nom commun pour chaque traduction anglaise.

Write the irregular adjective that agrees in gender and number with the common noun for each English translation.

1. **A beautiful ending**

2. **Soft seats**

3. **Crazy characters**

4. **A good performer**

5. **A new magazine**

6. **A crazy actor**

7. **A new screen**

8. **Old movie tickets**

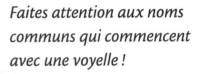

Faites attention aux noms communs qui commencent avec une voyelle !

La santé

1. Une _____ fin

2. Des sièges _____

3. Des personnages _____

4. Un _____ interprète

5. Une _____ revue

6. Un _____ acteur

7. Un _____ écran

8. De _____ billets de cinéma

ISBN: 978-1-77149-210-2

D. Remplissez les tirets de l'histoire avec les formes correctes des adjectifs irréguliers.

Fill in the blanks of the story with the correct forms of the irregular adjectives.

1.	new
2.	new
3.	happy
4.	innovative
5.	big
6.	good
7.	proud
8.	old
9.	good
10.	crazy
11.	huge

La traduction anglaise de chaque réponse est dans cette boîte.

Parlons des films !

Cher journal,

Comme vous savez, ma meilleure amie Evelyn et moi lisons beaucoup de _1._____ revues de cinéma.

Aujourd'hui dans un _2._____ article, il y a une _3._____ annonce que Peter Jackson tournera « Les aventures de Tintin 2 » vers la fin de 2016. À mon avis, Peter Jackson est un metteur en scène _4._____ . Figurez-vous, il a aussi réalisé « Le Hobbit » ! J'ai très hâte de voir ce film animé parce que quand j'étais petite, je lisais toujours les bandes-dessinées à propos des _5._____ aventures de l'inspecteur Tintin et son _6._____ chien Milou. Je suis la _7._____ propriétaire de la _8._____ collection de toutes les bandes-dessinées Tintin. C'est pour cette raison qu'Evelyn et moi sommes devenues de très _9._____ amies. Nous allons certainement regarder « Tintin 2 » ensemble ! La cerise sur le gâteau, c'est que mon anniversaire est aussi à la fin de l'année ! C'est _10._____ , n'est-ce pas ?

_11._____ bisous,

Hélène

ISBN: 978-1-77149-210-2

Les verbes irréguliers

Les verbes irréguliers

Les verbes irréguliers se conjuguent d'une manière différente que les verbes réguliers. Il faut mémoriser leurs terminaisons ou utiliser un livre de conjugaison pour les conjuguer.

Les verbes irréguliers en « -ir »

Partir au présent to leave	
je	pars
tu	pars
il/elle	part
nous	partons
vous	partez
ils/elles	partent

Sortir au présent to go out	
je	sors
tu	sors
il/elle	sort
nous	sortons
vous	sortez
ils/elles	sortent

Au revoir !

Pour les pronoms personnels au pluriel, il faut se souvenir qu'ils remplacent parfois des sujets complexes. b

e.g.

 Nous
Marie et moi sortons au cinéma.

 Vous
Marc et toi partez en vacances.

 Ils
Liz et Antoine sortent à une fête ce soir.

ISBN: 978-1-77149-210-2

Les verbes irréguliers en « -oir »

Les verbes suivants sont aussi appelés des verbes modaux.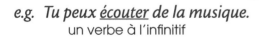

	Vouloir au présent to want	Pouvoir au présent to be able to	Devoir au présent to have to
je	veux	peux	dois
tu	veux	peux	dois
il/elle	veut	peut	doit
nous	voulons	pouvons	devons
vous	voulez	pouvez	devez
ils/elles	veulent	peuvent	doivent

Pour les verbes « vouloir » et « pouvoir », il est possible d'ajouter un objet direct ou indirect après pour former une phrase.

e.g. *Je veux <u>un sandwich</u>.*
        un objet direct

C'est plus commun d'ajouter un verbe à l'infinitif directement après ces verbes modaux. **d**

e.g. *Tu peux <u>écouter</u> de la musique.*
        un verbe à l'infinitif

a Irregular verbs conjugate differently than regular verbs. You must memorize their endings or use a verb conjugation book to conjugate them.

b For plural personal pronouns, you must remember that they sometimes replace complex subjects.

c The following verbs are also called modal verbs.

d For the verbs "to want" and "to be able to", it is possible to add a direct or an indirect object after them to form a sentence. It is more common to add an infinitive verb directly after these modal verbs.

Je veux <u>faire</u> toutes les activités dans
        un verbe à l'infinitif
ce livre pour apprendre le français !

ISBN: 978-1-77149-210-2

A. Conjuguez le verbe irrégulier « partir » pour compléter chaque phrase.

Conjugate the irregular verb "partir" to complete each sentence.

Utilisez le tableau de conjugaison à la page 18 pour vous aider.

1. Ils _____ travailler.

2. Elle _____ de la maison.

3. Tu _____ avec ta mère.

4. Tu _____ du magasin.

5. Vous _____ au bon moment.

6. Elle _____ sur les routes.

7. Nous _____ faire du camping.

Partir au présent	
je	_____
tu	_____
il/elle	_____
nous	_____
vous	_____
ils/elles	_____

8. Vous _____ au musée avec votre classe.

9. Je _____ à Paris avec ma famille.

10. Il _____ faire les courses.

11. Les garçons _____ au centre commercial pour acheter des vêtements.

12.  Je _____ en vacances demain !

13. Elles _____ en ville à bicyclette.

ISBN: 978-1-77149-210-2

B. Conjuguez le verbe irrégulier « sortir » pour compléter chaque phrase.

Conjugate the irregular verb "sortir" to complete each sentence.

Complétez ce tableau de conjugaison avant de compléter les questions.

1. Je _____ pour courir 5 km.

2. Il _____ du travail à 18h.

3. Nous _____ pour jouer dehors.

4. Ils _____ de leurs maisons à 8h.

5. Vous _____ à la fête de votre ami.

6. Tu _____ au cinéma demain soir ?

7. Elle _____ un magazine de son sac à main.

Sortir au présent	
je	_____
tu	_____
il/elle	_____
nous	_____
vous	_____
ils/elles	_____

8. Elles _____ leurs enfants pour faire un tour dehors.

9. Tu _____ de l'école. Puis, tu tournes à gauche.

10. Nous _____ pour nous divertir ce soir.

11. Vous _____ des bonbons pour manger pendant le film.

12.

    a. Vous _____ pour promener votre chien.

    b. Je _____ la poubelle après le dîner.

ISBN: 978-1-77149-210-2

C. Conjuguez le verbe irrégulier pour compléter chaque phrase.

Conjugate the irregular verb to complete each sentence.

Utilisez un livre de conjugaison ou l'internet pour conjuguer les verbes irréguliers.

1. Tu _____ lire plusieurs livres.

2. Nous _____ courir pour l'autobus.

3. Je _____ faire mon lit.

4. Il _____ tenir son cahier.

5. Vous _____ venir au musée.

6. Elle _____ voir un aigle.

7. Elle te _____ dire un mensonge.

8. Tu _____ avoir deux chiens et un chat.

9. Vous _____ boire du lait ce matin.

10. Ils _____ aller chez leur ami.

11. Est-ce que tu _____ connaître cette fille ?

12. Je _____ savoir où sont les bonbons.

13. Claudia _____ pouvoir venir avec nous au magasin.

14. Lara et Anne _____ être de bonnes amies.

15. Il _____ falloir dire la verité.

ISBN: 978-1-77149-210-2

D. Conjuguez le verbe modal dans chaque phrase.

Conjugate the modal verb in each sentence.

Est-ce que je peux utiliser le tableau à la page 19 pour m'aider à conjuguer le verbe ?

Les verbes				
vouloir	C	F	I	J
pouvoir	A	E	G	
devoir	B	D	H	

A Tu _____ jouer aux jeux vidéo.

B Nous _____ faire nos tâches ménagères.

C Vous _____ aller sur une montagne russe.

D Je _____ faire mes devoirs avant la fête.

E Elles _____ courir pour 35 minutes !

F Il _____ manger son dessert.

G Nous _____ promener nos chiens.

H Tu _____ téléphoner ta mère.

I Elle _____ voir un nouveau film.

J Tu _____ regarder la télévision.

ISBN: 978-1-77149-210-2

Les verbes au futur proche

Les verbes au futur proche

Le futur proche est un temps verbal qui permet au locuteur d'exprimer une idée ou une activité qui va se passer à l'avenir. Le futur proche se distingue du futur simple parce qu'il a deux composants du verbe. Les sens de ces deux temps sont distincts aussi. [a]

Manger	
au futur proche	*au futur simple*
Je vais manger de la pizza. I am going to eat pizza.	*Je mangerai de la pizza.* I will eat pizza.

Former le futur proche

Le futur proche se compose de deux verbes. Le premier verbe, « aller » conjugué, fonctionne de la même manière qu'un verbe modal ou auxiliaire. [b]

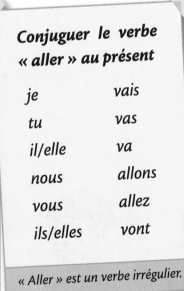

Conjuguer le verbe « aller » au présent

je	vais
tu	vas
il/elle	va
nous	allons
vous	allez
ils/elles	vont

« Aller » est un verbe irrégulier.

e.g.

sujet   1ᵉ verbe   2ᵉ verbe

Tu vas courir .

ISBN: 978-1-77149-210-2

My Translation Chart

Le deuxième verbe est un verbe à l'infinitif. Un verbe à l'infinitif se démarque par la terminaison « -er », « -ir », « -oir », ou « -re ». **c**

e.g.
*march**er***
*fin**ir***
*v**oir***
*boi**re***

La négation au futur proche

Pour faire la négation, il faut ajouter les deux adverbes de négation « ne » et « pas » autour du verbe modal ou auxiliaire. Dans le cas du futur proche, nous mettons les adverbes autour du verbe « aller » conjugué. **d**

e.g. **Affirmative**
Je vais marcher à l'école.

Négative
*Je **ne** vais **pas** marcher à l'école.*

L'adverbe « ne » devient « n' » devant une voyelle.

e.g. **Affirmative**
Nous allons marcher à l'école.

Négative
*Nous **n'**allons **pas** marcher à l'école.*

Mon cahier

Je vais faire mes devoirs ce soir.

a The near future tense is a verbal tense that allows the speaker to express an idea or an activity that will happen in the future. The near future tense differs from the simple future because it has two verbal components. The meanings of the two tenses are different as well.

b The near future tense is composed of two verbs. The first verb, "to go" conjugated, functions in the same way as a modal or auxiliary verb.

c The second verb is an infinitive verb identified by the ending "-er", "-ir", "-oir", or "-re".

d To make a negation, you must add the two negative adverbs "ne" and "pas" around the modal or auxiliary verb. In the near future tense, we put these adverbs around the verb "to go".

ISBN: 978-1-77149-210-2

A. Conjuguez le verbe « aller » pour compléter chaque phrase.

Conjugate the verb "aller" to complete each sentence.

1. Nous _____ écouter la radio.

2. Lucie et Amy _____ danser ce soir.

3. M. Bravo _____ ignorer les publicités.

4.
   Je _____ préparer ma leçon ce soir.

5. Mme Middleton _____ écouter de la musique dans sa voiture.

6. Tu _____ participer au concours à la radio.

7. Adrienne _____ prendre note de la date de l'élection.

8. Ils _____ taper les mains au rythme de la chanson.

9. Louise et toi _____ regarder le nouvel épisode demain.

10. Rick et Carl _____ acheter le film en DVD.

11. Anna et moi _____ suivre toutes les émissions diffusées à la chaîne documentaire.

12. Hélène et Lucille _____ participer dans une émission de téléréalité.

13. Maggie et Glenn _____ aller au musée ensemble ce dimanche.

14. Marc _____ corriger ses erreurs.

ISBN: 978-1-77149-210-2

B. Encerclez les verbes à l'infinitif dans les consignes de la recette. Ensuite écrivez une liste d'étapes au futur proche que vous allez suivre.

Circle the infinitive verbs in the instructions of the recipe. Then write a list of steps in the near future tense that you are going to follow.

La poutine classique

La préparation

1 Préchauffer le four à 375°F.

2 Faire des frites. Couper les pommes de terre et les cuire au four pour 45 minutes.

3 Préparer la sauce brune en suivant le mode de cuisson sur le paquet.

4 Sur une assiette, verser la sauce sur les frites. Ajouter le fromage sur la sauce.

Un sommaire des étapes à suivre au futur proche

1. Je vais préchauffer _____

2. _____

   _____

3. _____

   _____

4. _____

   _____

5. Quand j'ai fini toutes les étapes à suivre,

   je _____

Les ingrédients

- 5 pommes de terre
- 1 sachet de sauce brune
- Du fromage en grains

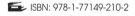

C. Répondez aux questions à propos de vos plans d'été au futur proche. Vous pouvez donner vos réponses à la forme négative aussi.

Answer the questions about your summer plans in the near future tense. You can give your answers in the negative form as well.

> *Cet été, je vais faire du camping avec ma famille. Je ne vais pas regarder la télévision.*

1. Avec qui vas-tu jouer cet été ?

   _____

2. Quels films vas-tu regarder ?

   _____

3. Quels livres vas-tu planifier de lire ?

   _____

4. Qu'est-ce que tu vas acheter pour te divertir ?

   _____

5. Est-ce que tes amis et ta famille vont visiter le parc zoologique ?

   _____

6. Est-ce que ta famille et toi allez faire du camping ? Qu'est-ce que vous allez faire là-bas ?

   _____

   _____

7. Vas-tu voyager à un autre pays ? Quelles activités vas-tu faire là-bas ?

   _____

   _____

ISBN: 978-1-77149-210-2

D. Écrivez des phrases au futur proche en utilisant les verbes à l'infinitif donnés.

Write sentences in the near future tense using the given infinitive verbs.

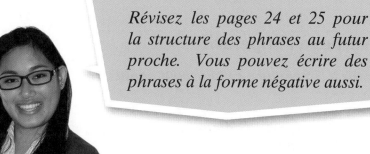

Verbes à l'infinitif

manger	jouer
parler	regarder
voir	boire
apprendre	aller
faire	cuire
écouter	lire

Révisez les pages 24 et 25 pour la structure des phrases au futur proche. Vous pouvez écrire des phrases à la forme négative aussi.

1. Je _____

2. Tu _____

3. Il _____

4. Elle _____

5. Nous _____

6. Vous _____

7. Ils _____

8. Elles _____

9. Je _____

10. Il _____

11. _____

12. _____

ISBN: 978-1-77149-210-2

Les verbes à l'impératif

Les verbes à l'impératif

Un verbe à l'impératif est utilisé pour donner un ordre, un conseil, ou une suggestion.

e.g.

Fais ton lit !
Make your bed!

Comment conjuguer un verbe à l'impératif ?

Pour conjuguer un verbe régulier en « -er » à l'impératif, il faut se souvenir qu'il n'y a pas de sujet et qu'il n'y a pas de « -s » final pour la deuxième personne au singulier (tu). b

e.g.

Marcher à l'impératif

tu	*Marche !*
nous	*Marchons !*
vous	*Marchez !*

Cependant, nous ajoutons le « -s » final lorsque le verbe est suivi du pronom « -en » ou « -y ». Le pronom « -en » remplace un nom introduit par la préposition « de », et le pronom « -y » remplace un nom introduit par la préposition « à ». Nous utilisons ces pronoms lorsque le sujet de la conversation a été déjà mentionné. c

e.g.   *Mange **de** la pizza !*   *Marche **à** l'école !*

*Manges-**en** !*   *Marches-**y** !*
Eat it!   Walk there!

ISBN: 978-1-77149-210-2

D'autres verbes à l'impératif

Pour conjuguer un verbe régulier en « -ir » et « -re », aussi que quelques verbes irréguliers en « -ir » à l'impératif, suivez les mêmes conjugaisons qu'au présent de l'indicatif. [d]

*Prenez note que vous n'avez pas besoin d'ajouter un point d'exclamation après toutes les phrases à l'impératif.

	Finir à l'impératif	**Vendre** à l'impératif	**Courir*** à l'impératif
tu	*Finis !*	*Vends !*	*Cours !*
nous	*Finissons !*	*Vendons !*	*Courons !*
vous	*Finissez !*	*Vendez !*	*Courez !*

*verbe irrégulier

Les verbes irréguliers à l'impératif

Les verbes irréguliers suivent les conjugaisons du présent du subjonctif comme la suite. [e]

Avoir

Aie... !
Ayons... !
Ayez... !

Être

Sois... !
Soyons... !
Soyez... !

Savoir

Sache... !
Sachons... !
Sachez... !

Vouloir

Veuille... !
Veuillons... !
Veuillez... !

[a] An imperative verb is used to give an order, a recommendation, or a suggestion.

[b] To conjugate a regular "-er" verb in the imperative, you must remember that there is no subject and there is no final "s" for the second person in the singular (you).

[c] However, we add the final "s" when the verb is followed by the pronoun "it" or "there". The pronoun "it" replaces a noun introduced by the preposition "of/from/some" and the pronoun "there" replaces a noun introduced by the preposition "to/at". We use these pronouns when the subject of the conversation has already been mentioned.

[d] To conjugate a regular "-ir" or "-re" verb, as well as some irregular "-ir" verbs in the imperative, follow the same conjugations as the simple present tense.

[e] The irregular verbs follow the conjugations of the present subjunctive tense.

ISBN: 978-1-77149-210-2

A. **Déterminez l'auditoire de chaque phrase à l'impératif. Écrivez les lettres dans les boîtes.**

Determine the audience of each sentence in the imperative. Write the letters in the boxes.

Faites attention à la terminaison de chaque verbe à l'impératif pour déterminer l'auditoire.

Tu

Nous

Vous

A Nettoie la salle de bain !

B Préparons un dessert !

C Aie de la patience !

D Agissez sagement !

E Veuillez vous partir.

F Ne partons pas si tôt.

G Faisons la lessive ensemble.

H Ne saute pas sur ton lit !

I Prenez des notes pendant la leçon.

J Préparons pour nôtre leçon de natation.

K Lisez vos livres silencieusement.

L Sois honnête avec moi.

M Ne crie pas dans la maison !

N Ne cours pas dans l'école !

O Faites vos devoirs silencieusement !

ISBN: 978-1-77149-210-2

B. Remplissez les tirets avec les conjugaisons correctes des mots en bleu.

Fill in the blanks with the correct conjugations of the verbs in blue.

e.g.

Ne cours **pas** !

N'aie **pas** peur !

Pour faire la négation à l'impératif, mettez les deux adverbes « ne » et « pas » autour du verbe conjugué.

1. **tu** **Manger** _____ tes légumes !

2. **vous** **Toucher** Ne _____ pas au sumac vénéneux.

3. **tu** **Courir** Ne _____ pas dans la maison.

4. **nous** **Avoir** _____ de la patience pendant que nous attendons !

5. **vous** **Être** _____ silencieux !

6. **tu** **Jouer** Ne _____ pas aux jeux vidéo avant le dîner.

7. **tu** **Savoir** _____ comment agir.

8. **vous** **Vouloir** _____ vous asseoir.

9. **nous** **Pleurer** Ne _____ pas à la fin du film.

10. **nous** **Apprendre** _____ le français ensemble !

11. **vous** **Faire** _____ la vaisselle maintenant !

ISBN: 978-1-77149-210-2

C. Vous êtes gardien(ne) d'occasion d'un enfant très malin. Regardez les images et donnez des ordres à l'enfant en utilisant le vocabulaire donné.

You are babysitting a mischievous child. Look at the pictures and give the child orders using the given vocabulary.

- ne pas jeter les spaghettis
- ne pas tirer aux cheveux
- ne pas courir
- ne pas maculer le tapis
- ne pas crier

A _____

B _____

C _____

D _____

E _____

ISBN: 978-1-77149-210-2

D. Écrivez des phrases affirmatives ou négatives à l'impératif avec les verbes donnés.

Write positive or negative imperative sentences using the given verbs.

Affirmative

marcher _____

lire _____

agir _____

vouloir _____

apprendre _____

avoir _____

Négative

sauter _____

regarder _____

tomber _____

être _____

perdre _____

ISBN: 978-1-77149-210-2

Les contractions

Les contractions

Une contraction est un mot qui se produit lorsqu'une préposition est à côté d'un article défini masculin singulier ou pluriel. **a**

Voici deux grilles qui expliquent les contractions typiques en français :

À (to/at/in)	**De** (of/from/about)
• à + le = **au** e.g. Tu vas **au** gymnase.	• de + le = **du** e.g. C'est la voiture **du** professeur.
• à + la = no contraction e.g. J'arrive **à la** cafétéria.	• de + la = no contraction e.g. C'est une explication **de la** vérité.
• à + la/le before a vowel = **à l'** (not a contraction) e.g. Vous allez **à l'**école privée ?	• de + la/le before a vowel = **de l'** (not a contraction) e.g. Nous sortons **de l'**école.
• à + les = **aux** e.g. Je parle **aux** clients.	• de + les = **des** e.g. Elle parle **des** vedettes.
Comme toujours, « le » devant une voyelle ou un « h » silencieux devient « l' ». **b**	En ce qui concerne la préposition « de », on l'utilise d'habitude pour montrer la possession. **c**

Les verbes suivis d'une préposition :

Il y a quelques verbes intransitifs qui prennent une préposition ou un objet direct. **d**

1. *Entraîner **à*** (to train **at** something)

2. *Jouer **à*** (to play something) ◄

3. *Parler **à*** (to speak **to** someone)

4. *Parler **de*** (to speak **about** something)

Nous jouons à un jeu de société pendant ma fête d'anniversaire !

ISBN: 978-1-77149-210-2

My Translation Chart

Les verbes de mouvement pour se déplacer à un lieu :

1. *Aller **à*** (to go somewhere/**to** a place)

2. *Arriver **à*** (to arrive **at**)

Les verbes de mouvement pour quitter un lieu :

1. *Sortir **de*** (to go out **from** somewhere)

2. *Partir **de*** (to leave **from** somewhere)

Attention ! *Ne confondez pas des contractions avec des articles partitifs ! Les articles partitifs indiquent qu'une partie de quelque chose est le sujet de la conversation.* **e**

*e.g. J'achète **du** brocoli.*
some

a A contraction is a word that is produced when a preposition is beside a masculine singular or plural definite article.

b As always, "le" in front of a vowel or silent "h" becomes "l'".

c We typically use "de" to show possession.

d There are some intransitive verbs that take a preposition or a direct object.

e Attention! Do not confuse contractions with partitive articles! Partitive articles indicate that a part of something is the subject of the conversation.

Il y a des verbes que nous utilisons d'habitude avec des articles partitifs.

1.	acheter	to buy
2.	manger	to eat
3.	boire	to drink
4.	mélanger	to mix

ISBN: 978-1-77149-210-2

A. Complétez l'entrée du journal intime avec des contractions en utilisant la préposition « à ».

Complete the diary entry with contractions using the preposition "à".

> *Vérifiez le genre du nom commun après chaque tiret avant de répondre pour déterminer la bonne contraction.*

la préposition

à

Cher journal,

Cette fin de semaine, mes amis et moi n'allons pas 1._____ parc. Nous n'allons pas 2._____ cinéma et nous ne voulons pas aller non plus 3._____ centre commercial. Il y a trop de monde ! Ce que nous préférons faire, c'est d'aller à la fête d'anniversaire de Catharine.

Catharine fête son anniversaire à sa maison. Elle habite dans ce que nous appelons « le château ». Elle a envoyé des invitations seulement 4._____ filles et 5._____ gars qui sont de bons amis avec elle. Quand j'ai reçu la mienne, je l'ai montrée à mes parents pour leur demander la permission d'y aller. À la fête, nous allons jouer 6._____ jeux amusants comme le soccer. Nous allons manger du gâteau 7._____ chocolat aussi. J'ai très hâte d'y aller !

À plus tard,

Hélène

ISBN: 978-1-77149-210-2

B. Complétez l'histoire personnelle avec des contractions en utilisant la préposition « de ».

Complete the personal story with contractions using the preposition "de".

Mon père au travail

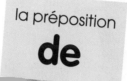

la préposition
de

Chaque matin, mon père sort de la maison à environ 7h30 pour aller au travail. Lorsqu'il y arrive, il stationne sa voiture à côté de celle de son gérant.

La voiture _1._____ gérant est stationnée directement devant la porte de la compagnie. Il entre dans le bâtiment et il montre son badge d'accès au gardien de sécurité et il va à son bureau.

Ensuite, il sort un ordinateur portable _2._____ bureau. Il est ingénieur mécanique alors il utilise un logiciel capable de dessiner l'intérieur _3._____ machines faites par sa compagnie. Ces machines incluent d'autres ordinateurs. Je suis très fier de mon père !

Pendant la journée, il parle à son gérant _4._____ affaires importantes, de la date d'échéance _5._____ projet actuel, et _6._____ prochain rendez-vous d'affaire.

Il travaille de longues journées des fois mais pour la plupart, il part _7._____ travail vers 17h. Quand il rentre, il a besoin de sommeil, mais il a le temps pour parler avec moi de l'école.

ISBN: 978-1-77149-210-2

C. Complétez chaque phrase avec une contraction en utilisant la préposition « à » ou « de ».

Complete each sentence with a contraction using the preposition "à" or "de".

1.

J'aime lire _____ histoires comme « Alice au pays _____ merveilles ».

2. Je veux jouer _____ badminton avec mes amis.

3. Nous sortons _____ magasin à environ 17h45 pour rentrer chez nous.

4. Ses amis jouent _____ basketball. Alors, comme entraînement, ils sautent avec la corde à sauter.

5. Ta mère part _____ travail à environ 18h.

6. J'achète des bonbons et des croustilles _____ magasin.

7. Un nouveau film sort _____ cinéma ce vendredi.

8. Tu aimes danser mais ton frère aime jouer _____ sports comme le tennis.

9. Vous parlez _____ restaurants français parce que vous aimez la cuisine française.

10. Mon ami déteste jouer _____ sports. Il préfère jouer _____ jeux vidéo.

ISBN: 978-1-77149-210-2

D. Identifiez si chaque mot en gras est une contraction ou un article partitif.

Identify whether each word in bold is a contraction or a partitive article.

C : contraction

AP : article partitif

A Je mange **des**[1] bananes, **des**[2] pommes, et **des**[3] ananas mais je ne mange pas **de**[4] cerises.

1. _____
2. _____
3. _____
4. _____

B Pour faire cette recette **du** boulanger, il faut mélanger **du** beurre, **de la** farine, et **du** chocolat.

1. _____
2. _____
3. _____
4. _____

C Les directions **du** dessert sont les suivantes : Sortir **des** œufs et les autres ingrédients **du** réfrigérateur, les mélanger dans un bol, et verser le tout dans la tarte. Enfin, sortir la tarte **du** four après 20 minutes.

1. _____
2. _____
3. _____
4. _____

D Je vais partir **du** magasin vers 17h30 ce soir pour aller chez toi pour le dîner. Nous allons manger **des** spaghettis avec **du** pain à l'ail. Nous allons aussi boire **du** jus.

1. _____
2. _____
3. _____
4. _____

ISBN: 978-1-77149-210-2

Les questions

Les questions

Pour poser une question en français de manière formelle, vous pouvez faire appel à l'inversion du sujet et du verbe dans une phrase. D'habitude dans une phrase, le sujet vient avant le verbe.

Cependant, dans une question il faut inverser l'ordre des mots afin que le pronom sujet vient après le verbe. Il faut aussi ajouter un tiret entre le verbe et le sujet. **b**

e.g. **une phrase** <u>Vous</u> <u>conduisez</u> une voiture.
sujet   verbe

une question <u>Conduisez</u>-<u>vous</u> une voiture ?
verbe   sujet

Consultez la grille de toutes les inversions possibles qui utilisent des pronoms sujets. Prenez le verbe « aller » comme exemple.

Vais-je...
Am I going...

Allons-nous...
Are we going...

Vas-tu...
Are you going...

Allez-vous...
Are you going...

Va-t-il...
Is he going...

Vont-ils...
Are they going...

Va-t-elle...
Is she going...

Vont-elles...
Are they going...

Va-t-on...
Formal: Is one going...
Informal: Are we going...

à l'école ?
to school?

l'école

ISBN: 978-1-77149-210-2

Vous pouvez remplacer le verbe « aller » avec un autre verbe, mais la structure est toujours la même. Conjuguez le verbe selon le pronom sujet, et inversez-les. **c**

Prenez note que pour les pronoms sujets de la troisième personne au singulier, il faut ajouter le « t » euphonique entre le sujet et le verbe pour les raisons de sonorité. Mais, il ne faut pas ajouter le « t » lorsque les verbes se terminent par un « t » ou un « d ». **d**

*e.g. Va-**t**-elle ?*
*Peu**t**-elle entendre ?*

Poser une question négative

Pour poser une question négative avec l'inversion, il faut mettre les deux adverbes de négation « ne » et « pas » autour du verbe conjugué et du pronom sujet qui sont attachés ensemble par un tiret. **e**

*e.g. **Ne** conduisez-vous **pas** une voiture ?*
*Michelle **ne** va-t-elle **pas** au concert ?*

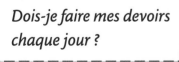

Dois-je faire mes devoirs chaque jour ?

a To pose a question in French, you can invert the subject and the verb in a sentence. Usually, in a sentence, the word order is the subject before the verb.

b However, in a question, you must invert the order of the words so that the subject pronoun comes after the verb. You must also add a hyphen between the verb and the subject.

c You can replace the verb "aller" with another verb, but the structure is always the same. Conjugate the verb according to the subject pronoun and invert them.

d Note that for the subject pronouns of the third person in the singular, you must add a euphonic "t" between the subject and the verb because it sounds better. But you must not add the "t" when the verbs end in "t" or "d".

e To ask a negative question with inversion, you must put the two negative adverbs "ne" and "pas" around the conjugated verb and the subject pronoun that are attached by a hyphen.

 ISBN: 978-1-77149-210-2

A. Complétez chaque question avec l'inversion du pronom sujet et du verbe. Utilisez la phrase initiale pour déterminer le sujet de la conversation.

Complete each question with the inversion of the subject pronoun and the verb. Use the initial sentence to determine the subject of the conversation.

1. Tomas dit, « Hé Jean-Marc ! Nous allons au gymnase pour sauter au dessus des haies d'athlétisme. _____-_____ au gymnase aussi ? »

2. Tommy dit à Luc et Pierre, « Je regarde le baseball à la télévision avec mon père. _____-_____ les sports à la télévision aussi ? »

3. Marie demande à ses parents, « Je sors de l'école à 15h30. _____-_____ du travail à 18h ? »

4. Sarah dit à sa copine, « Merci beaucoup ! Je dirais que mon style est très minimaliste. J'achète mes vêtements à Top Shop. À quel magasin _____-_____ tes vêtements ? »

5. Brandon dit à Chantal, « Il y a un très bon café qui vend des lattés superbes. Je bois du café au matin. Et toi ? _____-_____ du café ou du thé ? »

6. Pauline demande à propos de ses cousins, « Je sais qu'ils partent pour Londres à 13h mais je ne sais pas quand ils arrivent. À quelle heure _____-_____ ? »

7. Luc demande à sa mère, « Demain c'est le lundi. _____-_____ à l'école ? _____-_____ au travail ? »

ISBN: 978-1-77149-210-2

B. Ces questions demandent à propos des noms propres ou communs. Récrivez chaque question comme spécifiée.

These questions ask about proper or common nouns. Rewrite each question as specified.

Quand il y a un nom propre ou commun, il faut décider quel pronom sujet le représente. Ensuite utilisez ce pronom sujet dans l'inversion.

e.g.　Ⓐ　Michelle va-t-elle au concert ?

　　　Ⓑ　Michelle ne va-t-elle pas au concert ?

Ⓐ Récrivez chaque question avec l'inversion.

Ⓑ Récrivez chaque question à la négative avec l'inversion.

1. Est-ce que Marc et Tomas écoutent les nouvelles à propos des élections canadiennes ?

Ⓐ _____ _____-_____ les nouvelles à propos des élections canadiennes ?

Ⓑ _____ _____ _____-_____ _____ les nouvelles à propos des élections canadiennes ?

2. Est-ce que Cynthia va en vacances au Maroc cet été ?

Ⓐ _____
_____

Ⓑ _____
_____

3. Est-ce que Louise mange de la nourriture saine ?

Ⓐ _____
_____

Ⓑ _____
_____

ISBN: 978-1-77149-210-2

C. Ces questions utilisent des verbes modaux (vouloir, pouvoir, et devoir). Récrivez chaque question comme specifiée.

These questions use modal verbs (to want, to be able to, and to have to). Rewrite each question as specified.

> *Quand une phrase utilise un verbe modal, il faut se rappeler d'inverser seulement le verbe modal qui est conjugué avec le pronom sujet.*

A Récrivez chaque question avec l'inversion.

B Récrivez chaque question à la négative avec l'inversion.

e.g. Veux-tu nager ?

1. Est-ce que Marie et toi voulez regarder un film ?

    A _____ _____-_____ _____ un film ?

    B _____ _____ _____-_____ _____

    _____ un film ?

2. Est-ce que tu peux acheter du maïs soufflé ?

    A _____

    B _____

3. Est-ce que Ricardo et Léon doivent travailler vendredi ?

    A _____

    B _____

4.  Est-ce que le critique peut écrire une critique du livre ?

    A _____

    B _____

ISBN: 978-1-77149-210-2

D. Lisez la première partie de la conversation. Ensuite posez une question avec l'inversion au futur proche.

Read the first part of the conversation. Then ask a question with inversion in the near future tense.

> *L'inversion au futur proche fonctionne de la même manière qu'avec un verbe modal.*

1. : Salut Marc ! Je suis désolé que je suis si occupé ces jours-ci. Je vais déménager dans une semaine.

    : Oh ! C'est vrai ? _____-_____ _____ à une nouvelle ville ?

2. : Sarah adore faire du vélo. Elle s'entraîne au cyclisme en fait.

    : _____-_____-_____ _____ du vélo cette fin de semaine ? J'aimerais bien faire un tour avec elle.

3. : Sam et Anne pensent que les sœurs Boulay chantent très bien. Ils les écoutent à la radio.

    : _____-_____ les _____ au concert à Montréal cet été ?

4. : Luc et moi allons au parc d'attractions cet été ! Nous avons très hâte de faire le tour des manèges.

    : Super ! _____-_____ faire une montagne russe ?

ISBN: 978-1-77149-210-2

La révision 1 :
La grammaire et les conventions linguistiques

La révision

- Les adjectifs possessifs et démonstratifs
- Les adjectifs irréguliers
- Les verbes irréguliers
- Les verbes au futur proche
- Les verbes à l'impératif
- Les contractions
- Les questions

Les adjectifs possessifs au pluriel

A. Remplissez les tirets avec les bons adjectifs possessifs au pluriel.

1. Nous jouons avec _____ chien Roland.

2. Elles achètent _____ déjeuners à l'école.

3. Faites-vous _____ devoirs chaque nuit ?

4. Mangez-vous _____ petit déjeuner à 7h30 ?

5. Elles jouent avec _____ jouets préférés.

6. Ils font _____ tâches ménagères chaque jour.

7. Nous faisons voler _____ cerfs-volants au parc aujourd'hui.

8. Ils mangent le dîner avant de sortir avec _____ ami.

notre
votre
leur
nos
vos
leurs

ISBN: 978-1-77149-210-2

Les adjectifs démonstratifs

B. Remplissez les tirets avec les adjectifs démonstratifs qui s'accordent en genre et en nombre avec les noms communs.

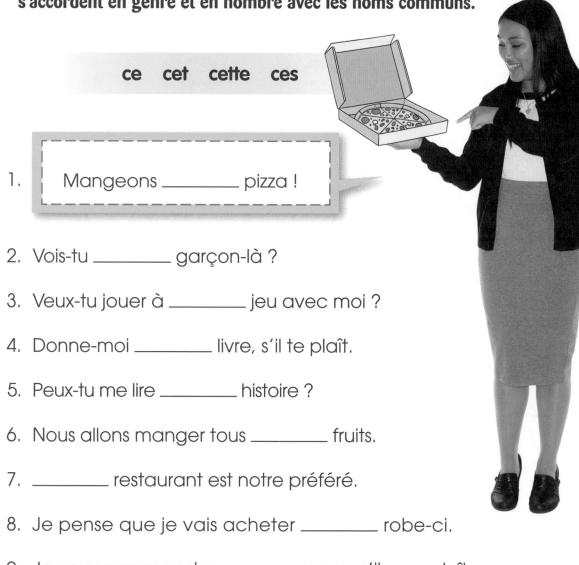

ce   cet   cette   ces

1. Mangeons _____ pizza !

2. Vois-tu _____ garçon-là ?

3. Veux-tu jouer à _____ jeu avec moi ?

4. Donne-moi _____ livre, s'il te plaît.

5. Peux-tu me lire _____ histoire ?

6. Nous allons manger tous _____ fruits.

7. _____ restaurant est notre préféré.

8. Je pense que je vais acheter _____ robe-ci.

9. Je veux commander _____ repas, s'il vous plaît.

10. J'ai presque fini _____ page de mon livre.

11. Tu as besoin d'écrire _____ courriel à ton cousin.

12. J'adore toutes _____ collations. Je ne peux pas choisir !

13. Allez-vous manger toutes _____ croustilles ?

14. Tu vas acheter _____ livre.

ISBN: 978-1-77149-210-2

Les adjectifs irréguliers

C. Remplissez la grille avec les adjectifs irréguliers qui manquent. Ensuite complétez les phrases en utilisant les adjectifs irréguliers dans la grille.

1.

beau		belle	
blanc			blanches
merveilleux			
		heureuse	
bon			
	spéciaux		
nouveau	nouveaux		

2. Philippe est très _____ de te voir ici.

3. Tu achètes des collations _____ pour tes amis.

4. Les _____ filles dansent dans le film.

5. Aimez-vous ma _____ robe ?

6. Cette pièce de théâtre est _____ .

7. Regarde ces chiens _____-là.

8.

_____ anniversaire, Juliette !

ISBN: 978-1-77149-210-2

Les verbes irréguliers

D. Conjuguez les verbes irréguliers pour compléter chaque phrase.

1.	**boire**
2.	**conduire**
3.	**asseoir**
4.	**ouvrir**
5.	**recevoir**
6.	**savoir**
7.	**suivre**
8.	**venir**
9.	**vivre**
10.	**écrire**
11.	**tenir**
12.	**faire**
13.	**devoir**
14.	**dire**
15.	**aller**

1. Tu _____ de l'eau après que tu joues au basketball.

2. Ma mère me _____ à l'école chaque jour.

3. Je m'_____ sur ma chaise.

4. Nous _____ nos cadeaux.

5. Vous _____ des cartes postales.

6. Tu _____ les directions ?

7. Je _____ les étapes dans la recette.

8. Marc _____ chez moi ce samedi.

9. La princesse _____ dans un château.

10. J'_____ un courriel à mon amie Marie-Michelle.

11. Marta _____ ses livres parce qu'elle a perdu son sac à dos.

12. Clément et moi _____ un gâteau pour la fête ce soir.

13. Anna et moi _____ compléter notre projet.

14. Je vous _____ la vérité !

15. Tu _____ faire les courses avec tes parents.

ISBN: 978-1-77149-210-2

Les verbes au futur proche

E. Conjuguez le verbe « aller » pour compléter chaque phrase.

1. Lucas et moi _____ faire du ski.

2. Marc et toi _____ faire du camping.

3. Lucie _____ au cinéma demain soir.

4. Alice _____ faire sa présentation ce matin.

5. Tu _____ jouer du piano pour moi.

6. Nous _____ commander nos repas.

Les verbes à l'impératif

F. Remplissez les tirets avec les bonnes conjugaisons des mots dans la grille.

| 1. courir |
| 2. manger |
| 3. écouter |
| 4. avoir |
| 5. chanter |
| 6. être |
| 7. aider |
| 8. parler |

1. **Nous** Ne _____ pas dans le restaurant !

2. **Tu** _____ ton dîner !

3. **Vous** _____ moi, s'il vous plaît !

4. **Tu** N'_____ pas peur de la nuit.

5. **Nous** _____ ensemble !

6. **Vous** _____ heureux !

7. **Tu** _____ ta mère avec les tâches ménagères.

8. **Vous** Ne _____ pas pendant l'examen.

ISBN: 978-1-77149-210-2

Les contractions

G. Complétez chaque phrase avec une contraction en utilisant la préposition « à » ou « de ».

à   de

1. Nous allons jouer _____ soccer ensemble.

2. Tu vas courir _____ parc.

3. Je sors _____ musée avec mon père.

4. Nous parlons _____ films d'horreur.

5. Ton père part _____ travail à environ 17h45.

6. Natalie parle _____ œuvres d'art qu'elle a vues.

Les questions

H. Complétez chaque question avec l'inversion du pronom sujet et du verbe. Utilisez la phrase initiale pour déterminer le sujet de la conversation.

1.  Océanne dit à sa mère, « Je suis invitée à la fête d'anniversaire de Marie ! _____-_____ aller ? »

2.  Olivier dit à son amie Stéphanie, « J'aime jouer aux jeux vidéo. _____-_____ aux jeux vidéo ? »

3.  Amélie dit à son amie, « Je vais regarder un film ce soir. _____-_____ un film aussi ? »

4.  Lucie dit à Jean, « Je mange beaucoup de légumes. _____-_____ des légumes aussi ? »

ISBN: 978-1-77149-210-2

ISBN: 978-1-77149-210-2

Section II

La communication orale
Oral Communication

This section focuses on both listening and speaking in French. The units are designed to ensure students develop the skills to understand oral French texts and demonstrate that understanding, as well as to speak French using correct pronunciation and intonation. Students will learn common French expressions and answer questions in French. Audio clips are included to facilitate learning.

 ISBN: 978-1-77149-210-2

Les stratégies de compréhension orale

Les stratégies de compréhension orale

Il y a des stratégies que vous devriez utiliser avant et pendant l'écoute d'un texte oral pour améliorer votre compréhension.

Les stratégies avant l'écoute

Analysez les images, le titre, et les sous-titres

Utilisez les images, le titre, et les sous-titres pour deviner ce qui va se passer dans le texte avant de l'écouter.

Faites des prédictions

Prédisez le contenu du texte selon vos connaissances de la forme textuelle.

Faites un remue-méninges

Organisez vos prédictions et l'information que vous avez dans un remue-méninges.

Parcourez le texte

Cherchez des mots familiers et des mots clés avant de lire pour prédire le contenu.

Déterminez toute l'information possible avant de commencer à écouter le texte !

ISBN: 978-1-77149-210-2

Les stratégies pendant l'écoute b

Utilisez ces stratégies pendant que vous écoutez un texte oral pour bien comprendre ce que vous entendez.

1 Écoutez le texte oral plusieurs fois

Écoutez chaque texte oral plusieurs fois pour mieux le comprendre.

2 Prenez des notes

Prenez des notes de ce que vous entendez et de vos questions que vous avez à propos du texte oral.

3 Utilisez les indices

Utilisez les indices tels que le ton de voix du locuteur pour vous aider à interpréter le message.

4 Faites des liens personnels

Faites des liens personnels avec le sujet et le contenu du texte oral pour mieux les comprendre et les apprécier.

a Before-listening Strategies

1. Analyze the pictures, the title, and the subtitles to predict what will happen.
2. Make predictions about the content based on the text form.
3. Brainstorm ideas and organize the information you have.
4. Skim through the text for familiar/key words.

b While-listening Strategies

1. Listen to the oral text several times.
2. Take notes of what you hear and the questions you have.
3. Use clues to help you interpret the message.
4. Make personal connections with the subject and the content of the oral text to better understand and appreciate it.

A. Les Dubois sont en vacances en France. À Paris, ils prennent le train à grande vitesse (TGV) à Strasbourg. Répondez aux questions avant l'écoute.

The Dubois are on vacation in France. In Paris, they are taking the high-speed train to Strasbourg. Answer the before-listening questions.

1. Regardez l'image et les mots dans l'image. Que pensez-vous est la forme du texte ?

   (A) une histoire   (B) une annonce publique

   (C) une chanson   (D) une conversation

2. Faites trois prédictions de ce que vous allez entendre en vous basant sur vos connaissances antérieures de cette forme du texte oral.

   A Je pense que _____

   B _____

   C _____

   1. Look at the picture and the words in the picture. What do you think is the text form?

   2. Make three predictions about what you will hear based on your knowledge of the text form.

ISBN: 978-1-77149-210-2

B. Écoutez l'extrait sonore en ligne du texte oral. Répondez aux questions.

Listen to the audio clip of the oral text online. Answer the questions.

8.1

Mesdames et Messieurs, votre attention s'il vous plaît. À la suite d'un problème technique sur la Voie 3, le TGV numéro 4440 à destination Strasbourg, arrivée initialement prévue à 14h12, arrivera avec un retard d'environ 1h35. Nous sommes désolés pour le délai et nous travaillons à régler le problème aussi vite que possible. Merci de votre compréhension.

1. Faites une liste d'idées clés venant du texte oral.

    Make a list of key ideas from the oral text.

    a. La raison pour le délai : _____

    b. Le numéro du TGV : _____

    c. La ville de départ : _____

    d. La destination : _____

    e. L'heure d'arrivée initiale : _____

    f. Combien d'heures en retard ? _____

    g. La nouvelle heure d'arrivée : _____

2. Prédisez la façon dont M. et Mme Dubois vont réagir à la suite de l'annonce publique.

    Predict the way in which Mr. and Mrs. Dubois will react to the public announcement.

    Je prédis que/qu'_____

    _____

    _____

ISBN: 978-1-77149-210-2

C. Écoutez la conversation des Dubois à la suite de l'annonce publique. Répondez aux questions pendant l'écoute.

Listen to the Dubois's conversation after the public announcement. Answer the while-listening questions.

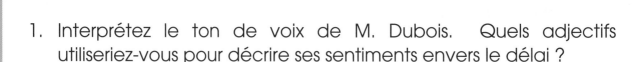

> M. Dubois : Mince ! 1h35 plus 2h17, ça fait 3h52 ! On va arriver en retard à Strasbourg !
>
> Mme Dubois : Ce n'est pas grave ! On peut échanger nos billets de train. Allons prendre un avion par exemple.
>
> : Pas question ! Nous n'avons pas les moyens d'acheter ça. Ça va coûter 440$ de plus pour deux billets.
>
> : Eh bien…tu as raison. Faisons une promenade dans la boutique de cadeaux lorsqu'on attend.
>
> : Ça c'est une bonne idée ! Je rêve déjà de chocolats. Allons-y !

1. Interprétez le ton de voix de M. Dubois. Quels adjectifs utiliseriez-vous pour décrire ses sentiments envers le délai ?

   _____

2. Interprétez le ton de voix de Mme Dubois. Comment est-elle différente en comparaison avec M. Dubois ?

   _____

3. Vos prédictions sont-elles correctes de la façon dont M. et Mme Dubois ont réagi ?   **Oui / Non**

1. Interpret Mr. Dubois's tone of voice. What adjectives would you use to describe his feelings about the delay?

2. Interpret Mrs. Dubois's tone of voice. How does she differ in comparison with Mr. Dubois?

3. Were your predictions about Mr. and Mrs. Dubois's reactions correct?

ISBN: 978-1-77149-210-2

D. Écoutez la suite de la conversation entre M. et Mme Dubois dans la boutique de cadeaux. Répondez aux questions.

Listen to the next part of the conversation between Mr. and Mrs. Dubois in the gift shop. Answer the questions.

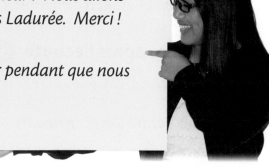

 : *Oh chéri ! Nous devrions acheter un coffret de macarons Ladurée !*

 : *D'accord ma belle ! Salut monsieur ! Nous allons acheter ce coffret de macarons Ladurée. Merci ! Bonne journée.*

 : *Oh, merci ! J'ai hâte de manger pendant que nous attendons le train.*

 : *Moi aussi !*

1. Comment est-ce que le ton de voix de M. Dubois est différent maintenant ? Pourquoi est-ce que c'est différent ?

_____

_____

2. Comment est-ce que le ton de Mme Dubois est différent maintenant ? Pourquoi ?

_____

_____

3. Comment est-ce que Mme Dubois a aidé M. Dubois à se sentir mieux après l'annonce publique ?

_____

_____

1. How is Mr. Dubois's tone of voice different now? Why is it different?

2. How is Mrs. Dubois's tone different now? Why?

3. How did Mrs. Dubois help make Mr. Dubois feel better after the public announcement?

ISBN: 978-1-77149-210-2

La compréhension orale

La compréhension orale

Il y a des stratégies que vous devriez utiliser après avoir écouté un texte oral pour vous aider à mieux le comprendre et à démontrer cette compréhension.

Les stratégies après l'écoute a

Utilisez les stratégies suivantes après avoir écouté un texte oral.

1. Organisez l'ordre des événements

Mettez les événements d'un texte oral en ordre pour mieux le rappeler et mieux le comprendre.

2. Posez des questions

Posez des questions à propos des personnages, des événements, des idées clés, du conflit, et de la résolution.

3. Faites un résumé

Faites un résumé du message principal dans vos propres mots. Décrivez les personnages et les événements jusqu'à la résolution.

4. Répondez aux questions de compréhension

Répondez aux questions de compréhension pour démontrer et améliorer votre compréhension du contenu d'un texte oral.

5. Évaluez vos stratégies

Évaluez les stratégies que vous utilisez après l'écoute pour améliorer votre compréhension la prochaine fois.

ISBN: 978-1-77149-210-2

My Translation Chart

Des façons créatives pour évaluer vos stratégies b

1. Un blogue vidéo

Lorsque vous donnez une réponse à haute voix, filmez vous-même. Avec cela, vous pouvez évaluer et améliorer

- *votre grammaire.*
- *votre prononciation.*
- *la structure des phrases et l'ordre des mots.*
- *la créativité de votre vocabulaire.*
- *la fluidité de votre communication orale.*
- *le langage corporel et visuel.*
- *le ton et l'accentuation de votre voix.*

2. Un journal intime

Si vous êtes plutôt un apprenant visuel, écrivez dans un journal intime pour bien noter vos erreurs. Écrivez une réflexion de ce que vous pouvez mieux faire la prochaine fois.

a After-listening Strategies

1. Organize the order of events to better remember and understand an oral text.
2. Ask questions about the characters, events, key ideas, the conflict, and the resolution.
3. Write a summary about the main message in your own words. Describe the characters and events leading up to the resolution.
4. Answer comprehension questions to show and to improve your comprehension of the content of an oral text.
5. Evaluate the strategies you used after listening to improve your comprehension next time.

b Creative Ways to Evaluate Your Strategies

1. When answering questions out loud, film yourself. Use this to evaluate and improve your abilities.
2. If you are more of a visual learner, write in a diary to take note of your errors. Write a reflection on what you can do better next time.

ISBN: 978-1-77149-210-2

A. Écoutez encore l'extrait sonore 8.1 dans l'unité précédente. Répondez aux questions après l'écoute.

Listen to audio clip 8.1 from the previous unit again. Answer the after-listening questions.

Les questions vous aident à suivre les stratégies de compréhension après l'écoute pour mieux comprendre et apprécier le texte oral.

1. Quel est le message principal de l'annonce publique ?

   _____

   _____

2. Pourquoi est-ce que l'annonce est-elle importante ?

   _____

   _____

3. L'annonce est adressée au public, mais qui va bénéficier d'elle ?

   _____

4. Quelles choses est-ce que le locuteur de l'annonce publique dit pour rassurer le public ?

   _____

   _____

5. Pourquoi est-ce que le locuteur doit rassurer le public ?

   _____

   _____

1. What is the main message of the public announcement?

2. Why is the announcement important?

3. The announcement is addressed to the public, but who will benefit from it?

4. What things does the speaker say to reassure the public?

5. Why does the speaker have to reassure the public?

ISBN: 978-1-77149-210-2

B. Écoutez encore l'extrait sonore 8.2 dans l'unité précédente. Répondez aux questions après l'écoute.

Listen to audio clip 8.2 from the previous unit again. Answer the after-listening questions.

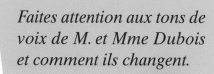

Faites attention aux tons de voix de M. et Mme Dubois et comment ils changent.

1. Quelle est la réaction de M. Dubois à l'annonce publique ?

_____

_____

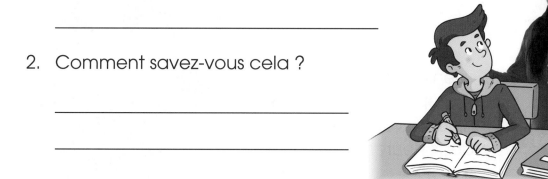

2. Comment savez-vous cela ?

_____

_____

_____

3. Quelle est la réaction de Mme Dubois ?

_____

_____

4. Comment savez-vous cela ?

_____

_____

5. Pourquoi est-ce que M. Dubois ne veut pas échanger leurs billets pour prendre un avion plutôt que le train ?

_____

1. What is Mr. Dubois's reaction to the public announcement?

2. How do you know?

3. What is Mrs. Dubois's reaction?

4. How do you know?

5. Why doesn't Mr. Dubois want to exchange their tickets to take an airplane instead of the train?

ISBN: 978-1-77149-210-2

C. Écoutez encore l'extrait sonore 8.3 dans l'unité précédente. Complétez l'activité.

Listen to audio clip 8.3 from the previous unit again. Complete the activity.

Faites semblant que vous êtes un étranger dans la boutique de cadeaux. Pratiquez à utiliser des expressions polies. Écrivez-les et pratiques-les en lisant à haute voix.

9.1

: Je pense que les travaux pour réparer le problème technique vont prendre plus de deux heures !

I think that the repairs to fix the technical problem are going to take more than two hours!

Votre réplique : _____

_____

_____

9.2

: N'aimez-vous pas les macarons de Ladurée ? Je pense qu'ils sont les meilleurs de Paris même s'ils sont un peu chers.

Don't you love Ladurée macarons? I think that they are the best in Paris even if they are a bit expensive.

Votre réplique : _____

_____

_____

ISBN: 978-1-77149-210-2

D. Écoutez encore les extraits sonores 8.1, 8.2, et 8.3 dans l'unité précédente. Complétez les activités.

Listen to audio clips 8.1, 8.2, and 8.3 from the previous unit again. Complete the activities.

1. Mettez les événements des textes oraux en ordre. Écrivez les numéros de 1 à 5 dans les cercles.

2. Faites un résumé de ce qui s'est passé dans les textes oraux. Utilisez des connecteurs logiques.

_____

_____

_____

_____

_____

_____

Premièrement
Firstly

Ensuite
Then

Alors
So/Therefore

Cependant
However/Meanwhile

Par la suite
Afterward/Thereafter

Enfin
In the end/Finally

ISBN: 978-1-77149-210-2

La prononciation et l'intonation

La prononciation

Dans cette unité, vous allez réviser la liaison en français, apprendre comment prononcer des mots qui contiennent la voyelle « a » ou « i », et distinguer entre l'intonation de différentes types de phrases. a

La liaison

La liaison se produit lorsque nous prononçons une lettre finale qui est d'habitude silencieuse parce que la première lettre du mot qui suit commence avec une voyelle, un « h » silencieux, ou un « y ». Alors la liaison vous aide à améliorer la fluidité de votre parole. b

Les liaisons possibles

Les mots
- *un article + un nom*
  e.g. un arbre, des oignons

- *un pronom + un verbe*
  e.g. ils arrivent, vous allez

- *un court adverbe + un adjectif*
  e.g. plus amusant, très organisé

- *une préposition + un pronom*
  e.g. chez elle, devant elle

- *un verbe à l'impératif + un pronom*
  e.g. allons-y, vas-y

10.2

Mes amis et moi, nous arrivons à l'école à 8h30 chaque matin pour faire nos études.

ISBN: 978-1-77149-210-2

My Translation Chart

Les voyelles « a » et « i »

Les voyelles « a » et « i » sont prononcées d'une manière différente selon leurs placements dans un mot, et si elles ont un accent ou non. c

La voyelle « a »
Placement (Prononciation)

au début	**au milieu**	**à la fin**
e.g. aéroport	e.g. orageux	e.g. cela
ah·eh·roh·pawrh	oh·rah·jeuh	seh·lah

avec l'accent grave	**l'accent circonflexe**
e.g. à	e.g. château
ah	shah·toh

La voyelle « i »
Placement (Prononciation)

au début	**au milieu**
e.g. iguane	e.g. terrible
ee·gwahn	teh·ree·bleh

à la fin	**l'accent circonflexe**
e.g. chéri	e.g. naître
sheh·ree	neh·treh

après une autre voyelle	**le « i » tréma**
e.g. mais	e.g. haïr
meh	ah·eerh

a In this unit, you will review the liaison in French, learn how to pronounce words that contain the vowel "a" or "i", and distinguish between the intonation of different types of sentences.

b Liaison occurs when we pronounce a final letter that is normally silent because the first letter of the following word starts with a vowel, a silent "h", or a "y" to make it sound better. Thus liaison helps you improve the fluidity of your speech.

c The vowels "a" and "i" are pronounced differently depending on where they are placed in a word and whether they have an accent or not.

L'intonation

falling	**Déclarative**	*e.g.* J'aime l'école.
sharply falling	**Impérative**	*e.g.* Arrêtez !
rising	**Interrogative**	*e.g.* Aimez-vous le jus ?
sharply rising	**Exclamative**	*e.g.* J'adore le jus !

ISBN: 978-1-77149-210-2

A. Écoutez l'extrait sonore en ligne. Dessinez une boîte autour des lettres qui font la liaison dans chaque phrase.

Listen to the audio clip online. Draw a box around the letters that make a liaison in each sentence.

Voici un exemple de ce que vous devez faire pour cette activité.

e.g. me s a mis

10.6

1. Vous allez aimer la surprise !

2. Mettez de l'épice dans la soupe. Mettez-y de l'épice !

3. Nous allons faire un tour dans la boutique de cadeaux.

4. Un orage va entraîner des problèmes techniques et électroniques.

5. Mme Dubois parle à la personne devant elle dans la queue.

6. Mme Dubois dépense trop d'argent. Parfois ses achats ne sont pas nécessaires.

7. Bon anniversaire, Marco !

8. Je suis heureux d'être invité à ta fête.

9. Je vais t'acheter un autre jeu vidéo.

10. Marcelle est invitée à ma fête ce vendredi pour célébrer mon anniversaire.

ISBN: 978-1-77149-210-2

B. Écoutez l'extrait sonore en ligne. Remplissez les tirets avec les bonnes versions de la voyelle « a ».

Listen to the audio clip online. Fill in the blanks with the correct versions of the vowel "a".

1. Je suis allé au centre commercial avec m__ sœur parce qu'elle __ besoin d'__cheter des vêtements.

2. Nous sommes __rrivés ! Comme j'avais h__te de commencer notre __venture !

3. Vous __llez au thé__tre pour voir un opér__ .

4. __ la fin du voy__ge, je vais retourner à m__ maison.

5. Comme j'__vais faim ! J'avais envie d'aller __ un restaurant j__ponais.

6. Nous avons fait du kay__k et j'ai __ppris comment r__mer !

7. J'ai visité un grand ch__teau m__gnifique __ Londres, en Angleterre cet été.

8. Mes __mis et moi faisons l__ pêche dans un b__teau.

9. Nous __llons __ttr__per des poissons !

ISBN: 978-1-77149-210-2

C. Écoutez l'extrait sonore en ligne. Remplissez les tirets avec les bonnes versions de la voyelle « i ».

Listen to the audio clip online. Fill in the blanks with the correct versions of the vowel "i".

La voyelle « i »

î î ï

10.8

Il y a trois versions de la voyelle « i ».

1. J'aime beaucoup les f__lms parce que j'aime m'__mmerser dans les h__stoires.

2. Év__demment, avant de tourner le film, la p__èce de théâtre était déjà jouée par des __nterprètes.

3. Je m'entra__ne au basketball pour amél__orer à ce sport d__fficile.

4. J'adore l'héro__ne dans l'histoire. Elle est s__ forte et intell__gente.

5. Le film et la pièce sont catégor__sés comme des histoires trag__ques.

6. Tout le monde conna__t __ago, le personnage qui a poussé Othello vers l'extrem__té de son espr__t.

7. Je vais en Jama__que avec ma fam__lle et mon am__ .

8. Salut Nora ! Quelle co__ncidence de te voir __c__ à cette heure.

9. W__lliam Shakespeare a écr__t la très bonne pièce de théâtre qui s'appelle « Othello ».

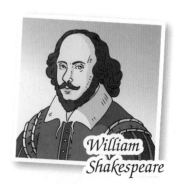

William Shakespeare

ISBN: 978-1-77149-210-2

D. Écoutez l'extrait sonore en ligne. Dessinez une flèche dans la boîte pour montrer l'intonation et ajoutez la bonne ponctuation dans le cercle.

Listen to the audio clip online. Draw an arrow in the box to show the intonation and add the correct punctuation in the circle.

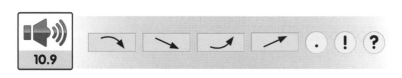

1. Quel bon livre ◯

2. Arrêtez maintenant ◯

3. Je vais conserver de l'eau ◯

4. Mange ton dîner ◯

5. Fais ton lit maintenant ◯

6. J'adore ton nouveau chandail ◯

7. Veux-tu manger des spaghettis ou du poulet ◯

8. Mes parents veulent acheter une nouvelle maison ◯

9. Comment vas-tu protéger l'environnement ◯

10. Je vais inviter tous mes amis à ma fête ◯

11. Voulez-vous venir chez moi après l'école ◯

Les stratégies de communication orale

Les stratégies de communication orale

Il y a des stratégies de communication orale qui peuvent vous aider à communiquer en français de manière claire avec des locuteurs variés pour accomplir un ou de nombreux buts.

Les stratégies pour améliorer votre communication :

1. Utilisez des phrases modales

Les phrases modales vous aident à exprimer vos besoins et vos préférences à d'autres personnes. Rappelez-vous les verbes modaux pour faire cela.

N'oubliez pas que vous pouvez dire ces phrases modales à la forme négative pour exprimer d'autres besoins et préférences.

adorer	to adore
aimer	to like/love
préférer	to prefer
vouloir	to want
devoir	to have to
pouvoir	to be able to
détester	to detest
avoir besoin de	to need to

2. Utilisez des mots transitifs

Utilisez les mots transitifs pour présenter de l'information dans une forme qui est facilement compréhensible.

Donc - *Therefore/Thus/Then*

Puisque - *Since/As/Because*

Alors - *Then/Thus/So*

Pourtant - *Yet/However/But*

Enfin - *Finally/Lastly*

*J'ai travaillé fort, **donc** je suis fatigué.*

ISBN: 978-1-77149-210-2

My Translation Chart

3. Parlez clairement

Assurez-vous que les autres peuvent bien vous comprendre quand vous parlez. Écoutez les autres quand ils vous donnent des réactions et améliorez votre communication par la suite.

e.g. Quand quelqu'un(e) vous dit :

Parle un peu plus fort, s'il te plaît.

Comment améliorer
Augmentez le volume de votre voix.

Que veux-tu dire ?

Comment améliorer
Mettez de l'emphase sur les mots clés dans votre message.

Que penses-tu de ça ?

Comment améliorer
Variez le ton de votre voix et ajoutez un peu d'émotion.

4. Utilisez des stratégies sociales

A Regardez les locuteurs.

B Posez des questions pour vérifier votre compréhension.

C Demandez une répétition ou une explication d'un pair quand le message n'est pas clair.

Oral Communication Strategies

1. Use modal sentences to help you express your needs and preferences.

2. Use transitive words to present information in a simple and comprehensible way.

3. Speak clearly to ensure others understand you. Listen to their feedback to improve your communication.

4. Use social strategies.
   a. Look at your audience.
   b. Ask questions to clarify your understanding.
   c. Ask for a repetition or an explanation from a peer if the message is unclear.

Peux-tu répéter cela ? Je ne t'ai pas entendu.

ISBN: 978-1-77149-210-2

A. Complétez chaque phrase avec le verbe modal le plus approprié.

Complete each sentence with the most appropriate modal verb.

1. Tu _____ faire toutes tes tâches ménagères avant d'aller à la fête.

Des verbes modaux

adorer   aimer
préférer   vouloir
devoir   pouvoir
détester
avoir besoin

2. Vous _____ les films d'horreur parce qu'ils sont effrayants.

3. Anna et Claire _____ jouer aux jeux vidéo si elles finissent leurs devoirs.

4. Ma mère et moi _____ _____ de faire les courses d'épicerie avant le dîner ce soir.

5. Tu _____ la couleur violet, mais ta chambre est jaune.

6. Claude _____ le hockey. Il y joue avec ses amis chaque fin de semaine.

7. Luanne _____ la récréation parce qu'elle peut jouer avec ses amis.

8. Luc et toi _____ venir chez moi ce soir si vous voulez.

9.

Je _____ faire du ski avec mes amis pendant l'hiver.

ISBN: 978-1-77149-210-2

B. Écoutez l'extrait sonore en ligne. Répondez à chaque question en utilisant une phrase modale.

Listen to the audio clip online. Answer each question using a modal sentence.

> *Révisez les verbes modaux dans l'unité 3. Rappelez-vous que le verbe qui suit est à l'infinitif. Prenez note que nous plaçons le verbe à l'infinitif après le mot « de » dans l'expression « avoir besoin de ».*

1. Bienvenue ! Quelle saveur de crème glacée préfères-tu ?

   _____

2. J'aime beaucoup les films comiques ! Et toi ?

   _____

3. Quel club de sport veux-tu joindre ?

   _____

4. Quelles tâches ménagères dois-tu faire chez toi ?

   _____

5. Que pouvons-nous faire pour protéger l'environnement ?

   _____

6. Qu'as-tu besoin de faire cette fin de semaine ?

   _____

7. Quels livres dois-tu lire pour l'école ?

   _____

ISBN: 978-1-77149-210-2

C. Remplissez les tirets avec le bon mot transitif.

Fill in the blanks with the correct transitive word.

Lisez le texte et déterminez le mot transitif qui a le plus de sens dans chaque cas.

Les mots transitifs

donc   puisque
pourtant   alors
enfin

  Mes vacances d'été !

Salut à tous !

Je m'appelle Cynthia. Cet été, ma famille et moi allons premièrement en Haïti *1.*_____ j'ai une tante qui habite à Port-au-Prince, la capitale. J'ai très hâte de boire du jus de mangue et de tomber sous le charme du pays haïtien. D'ailleurs, je veux étudier l'histoire *2.*_____ je veux aller au Musée de Panthéon National Haïtien. Et *3.*_____ ma sœur préfère acheter de l'artisanat à Papillon Enterprise *4.*_____ nous allons faire du magasinage le deuxième jour. *5.*_____ , nous allons faire une promenade au Champ de Mars avant de retourner au Canada !

Bon voyage !

Cynthia

Bonus !

Il y a deux autres mots transitifs dans le texte que vous n'avez pas encore appris. Pouvez-vous les trouver ?

_____   _____

ISBN: 978-1-77149-210-2

D. Écoutez l'opinion de Benjamin. **Ensuite remplissez les tirets pour vérifier votre compréhension de ce qu'il dit.**

Listen to Benjamin's opinion. Then fill in the blanks to verify your understanding of what he says.

Ajoutez plus d'information à chaque phrase pour demander de la clarification à Benjamin.

11.2

1. **Benjamin** : Je préfère écouter les nouvelles chaque matin. Je pense que les nouvelles sont atroces des fois mais il est important de savoir ce qui se passe dans le monde.

   Votre réplique : Que veux-tu dire quand tu as dit que _____ _____ ?

2. **Benjamin** : Et pourtant, j'aime aussi écouter la musique, surtout si le chanteur ou la chanteuse chante à propos d'un problème social.

   Votre réplique : Ce que je comprends alors c'est _____ _____ .

3. **Benjamin** : Écoutez ce morceau de...par exemple. Il est légendaire !

   Votre réplique : Peux-tu répéter _____ _____ ?

ISBN: 978-1-77149-210-2

La révision 2 :
La communication orale

La révision

- **Les stratégies de compréhension orale**
- **La compréhension orale**
- **La prononciation et l'intonation**
- **Les stratégies de communication orale**

Cabane Québécoise
Le menu

Les apéritifs

Foie gras		6,50$
🍃 Salade fraîche		9,50$
🍃 Soupe aux légumes		10$

Le veau au bœuf

Ⓚ Tartare		23$
Côte levée		27$

La volaille

Ⓚ Riz au poulet		24$
Canard et gnocchis		37$

Les à côtés

🍃 Frites		5,75$
🍃 Purée de pommes de terre		6,50$
🍃 Légumes		8,50$
🍃 Poutine		8$

Les desserts

Tarte au chocolat		9$
Tarte aux bleuets		8,50$

🍃 Végétarien   Ⓚ Kascher

Les stratégies de compréhension orale

A. Lisez le texte. Répondez aux questions.

1. Quelle est la forme du texte ?

   _____

2. Quel est le style ?

   _____

3. Qui est l'auditoire ?

   _____

4. Où se trouve cette forme de texte ?

   _____

5. Des amis vont avoir une conversation à propos de ce texte. Faites trois prédictions de ce qu'ils vont discuter.

   - _____
   - _____
   - _____

ISBN: 978-1-77149-210-2

B. Écoutez l'extrait sonore en ligne de la conversation entre les amis. Répondez aux questions pendant l'écoute.

Tu sais que je suis juive alors je préfère commander un repas kascher. Pour l'apéritif, je vais prendre une soupe aux légumes. Comme entrée, je veux manger le bœuf tartare. Enfin, la tarte aux bleuets me tente. Et toi ?

Moi, j'aime déguster de la volaille donc je vais commander un canard et gnocchis. Avant cela, je vais manger une salade fraîche. De plus, je veux un à côté de légumes parce que j'aime manger de manière saine. Pour le dessert, certainement je prends la tarte au chocolat !

1. Qu'est-ce que Kylie et Serge discutent ?

   _____

2. Décrivez les tons de voix de Kylie et Serge.

   _____

   _____

3. Qu'est-ce que « kascher » veut dire en anglais ?

   _____

4. Pourquoi est-ce que Kylie veut commander un repas kascher ?

   _____

5. Quel symbole est-ce que Kylie doit regarder pour à côté des repas ? Dessinez-le. Qu'est-ce qu'il veut dire ?

   [ ] _____

ISBN: 978-1-77149-210-2

La compréhension orale

C. Écoutez encore l'extrait sonore en ligne de la conversation à la page précédente. Répondez aux questions de compréhension.

1. Pourquoi est-ce que Serge commande une salade fraîche et des légumes ?

   _____

2. Si Serge veut beaucoup de légumes avec son repas, quel symbole doit-il chercher à côté des repas ? Dessinez-le. Qu'est-ce qu'il veut dire ?

    _____

3.

   Faites semblant que vous êtes un(e) ami(e) de Kylie et Serge et discutez avec eux ce que vous voulez commander. Justifiez votre choix.

   _____

   _____

   _____

4. Faites des comparaisons entre vos préférences et celles de Kylie. Faites attention aux raisons pour vos préférences.

   _____

   _____

5. Faites des comparaisons entre les préférences de Kylie et Serge. Faites attention aux raisons pour leurs préférences.

   _____

   _____

ISBN: 978-1-77149-210-2

La liaison

D. Écoutez l'extrait sonore en ligne. Dessinez une boîte autour des lettres qui font une liaison dans chaque phrase.

R 2.2

Suivez cet exemple pour les autres phrases.

Vas-y à l'école.

1. Allons-y au parc !

2. Bon anniversaire, mon ami !

3. Vous montez des arbres ?

4. Ton ami Chantal est arrivée.

5. Je mets des oignons dans la sauce.

6. Je prends un autobus à l'école.

7. Mes cousins et moi, nous allons au cinéma ensemble.

8. Je pense que je vais aller au magasin.

9. Lucille mange un abricot pour sa collation.

10. Les exemples dans le livre m'aident beaucoup.

11. Il y a un enfant là qui joue au soccer.

12. Les filles ont peur des abeilles.

13. Amène-moi mon oreiller, s'il te plaît.

14. Je suis heureuse parce que ma mère m'a acheté une nouvelle robe.

ISBN: 978-1-77149-210-2

La prononciation

E. Écoutez l'extrait sonore en ligne. Remplissez les tirets avec les bonnes versions de la voyelle « a » ou « i ».

 R 2.3

la voyelle « a »

la voyelle « i »

1. P__rlons du film.

2. Je fais un g__teau au chocolat.

3. Nous __llons __ l__ banque.

4. Conna__t-il cette f__lle ?

5. Le fantôme dans le f__lm va d__spara__tre.

6. Veux-tu manger du ma__s soufflé pendant le film ?

L'intonation

F. Écoutez l'extrait sonore en ligne. Dessinez une flèche dans la boîte pour montrer l'intonation et ajoutez la bonne ponctuation dans le cercle.

 R 2.4

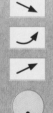

1. Allons-y au magasin ◯

2. J'adore le thé vert ◯

3. Ne crie pas à ton frère ◯

4. Je préfère le poulet frit ◯

5. Veux-tu promener mon chien avec moi ◯

6. Puis-je aller à la fête, maman ◯

ISBN: 978-1-77149-210-2

Les stratégies de communication orale

G. Complétez chaque phrase avec le verbe modal le plus approprié.

1. J'_____ ce film !

2. Vous _____ les légumes verts.

3. Tu _____ jouer au hockey.

4. Tu _____ de garder ton petit frère.

5. Nous _____ la récréation plus que les classes.

6. Tu _____ coucher chez moi cette fin de semaine.

7. Elle _____ rester chez elle aujourd'hui.

8. Je _____ prendre l'autobus à l'école chaque matin.

avoir besoin
adorer
aimer
pouvoir
détester
vouloir
préférer
devoir

H. Répondez à chaque question avec une phrase modale.

1.  Quel genre de livre aimes-tu ?

_____

2.  Quel jeu préfères-tu ?

_____

3.  Quelle collation adores-tu ?

_____

4.  Quels devoirs as-tu besoin de faire ?

_____

ISBN: 978-1-77149-210-2

ISBN: 978-1-77149-210-2

Section III

La lecture
Reading

This section focuses on reading French texts. The units provide before-, during-, and after-reading strategies to increase students' comprehension, and teach them to identify textual elements such as the purposes and audiences of French texts. Students also learn French vocabulary in this section.

ISBN: 978-1-77149-210-2

Les stratégies de compréhension à lecture

Les stratégies de compréhension à lecture

Il y a des stratégies que vous pouvez utiliser avant et pendant que vous lisez pour préparer pour un texte et pour mieux le comprendre.

Les stratégies avant la lecture a

Utilisez ces stratégies avant de lire un texte pour préparer pour votre réception du texte.

Analysez le texte

Analysez la forme du texte, la couverture, les images, le titre, et les sous-titres pour deviner ce qui va se passer.

Parcourez le texte

Regardez le texte rapidement pour des mots de vocabulaire qui donnent un indice du sujet du texte.

Discutez le sujet

Activez vos connaissances antérieures du sujet à l'aide des discussions avec un ami, votre frère ou sœur, vos parents, ou votre professeur.

Faites des prédictions

Prédisez le sujet et ce qui va se passer dans le texte en vous basant sur vos connaissances de la forme, du style, et de l'auteur du texte.

ISBN: 978-1-77149-210-2

Les stratégies pendant la lecture b

Utilisez ces stratégies pendant que vous lisez pour mieux comprendre le texte.

1 Faites des inférences

Utilisez les images pour faire des inférences.

Pour faire des inférences :

- *Regardez les images.*
- *Comparez les images avec l'information dans le texte.*
- *Pensez à une conclusion logique avec ces deux informations.*

2 Utilisez les indices

Utilisez les indices grammaticaux comme l'accord en genre et en nombre pour déchiffrer le sens d'une phrase.

D'autres indices :

- *picturaux*
- *contextuels*

3

Lisez un texte plusieurs fois pour mieux le comprendre.

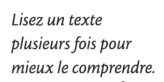

a Before-reading Strategies

1. Analyze the text form, the cover, the pictures, the title, and the subtitles to guess what will happen.
2. Skim through the text for vocabulary words that indicate the text subject.
3. Activate your knowledge of the subject with the help of discussions with a friend, your sibling, your parents, or your teacher.
4. Predict what will happen in the text based on your knowledge of the form, the style, and the author of the text.

b While-reading Strategies

1. Make inferences using the pictures.
2. Use the grammatical clues such as gender and number agreement to decipher the meaning of a sentence.
3. Read a text several times to better understand it.

A. Lisez le texte. Encerclez les mots clés qui vous aident à déterminer le sujet de chaque paragraphe.

Read the text. Circle the keywords that help you determine the subject of each paragraph.

Hergé – *Dessinateur belge de Tintin*

Employez un dictionnaire si vous avez besoin de l'aide à trouver les mots clés dans chaque paragraphe.

Georges Remi est né le 22 mai 1907 en Belgique. Il a pris le nom de plume Hergé depuis 1924. Il était dessinateur de bandes dessinées. Une caractéristique qui définit son style de dessiner s'appelle « la ligne claire ». Ça veut dire qu'il dessine chaque image avec des lignes claires et de la même longueur. Dans chaque contour, Hergé met une couleur. Ça signifie que chaque couleur est séparée par une ligne.

De plus, Hergé était connu surtout pour « Les aventures de Tintin ». Il a publié cette bande dessinée pendant la Seconde Guerre Mondiale dans un journal du même nom, « Tintin ». Hergé utilise « la ligne claire » dans cette série de bande dessinée aussi.

Le personnage principal de cette bande dessinée s'appelle Tintin. Tintin est un jeune reporteur qui voyage aux pays étrangers. Il est toujours avec son petit chien, Milou. Tintin et son chien ont des aventures dans les pays qu'ils visitent ensemble.

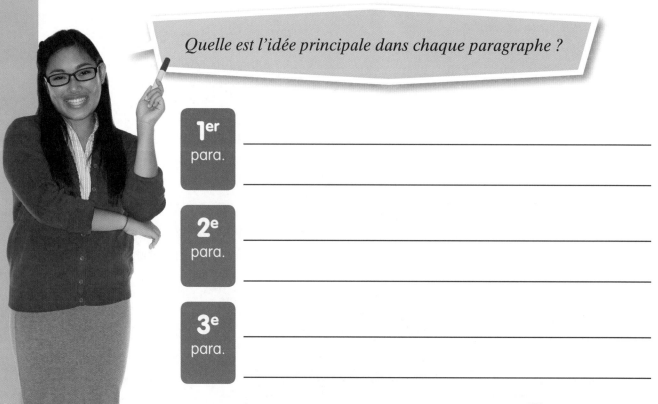

Quelle est l'idée principale dans chaque paragraphe ?

1er para. _____

_____

2e para. _____

_____

3e para. _____

_____

ISBN: 978-1-77149-210-2

B. Lisez encore le texte à la page précédente. Répondez aux questions pendant la lecture.

Read the text on the previous page again. Answer the while-reading questions.

Gardez à l'esprit l'idée principale de chaque paragraphe quand vous répondez à ces questions. Répondez en phrases complètes.

1. Quelle est la forme du texte ? Quelles caractéristiques vous aident à déterminer cela ?

   _____

   _____

2. Qui est Hergé ? Quel est son vrai nom ?

   _____

3. Hergé est connu surtout pour quelle série ?

   _____

4. Quel est le type de cette série textuelle ?

   _____

5. Quelle est la caractéristique qui définit le style de dessiner de Hergé ?

   _____

6. Pourquoi est-ce que vous pensez que l'auteur de la biographie de Hergé a inclus cette information ?

   _____

   _____

1. What is the text form? What are the characteristics that help you determine this?

2. Who is Hergé? What is his real name?

3. Hergé is most known for what series?

4. What type of textual series is this?

5. What characteristic defines Hergé's drawing style?

6. Why do you think the author of Hergé's biography included this information?

ISBN: 978-1-77149-210-2

C. Répondez aux questions avant la lecture.

Answer the before-reading questions.

> *Analysez la couverture du texte pour répondre aux questions.*

1. Écrivez un mot clé trouvé sur la couverture.

   _____

2. Qu'est-ce que c'est « la Corée du Sud » en anglais ?

   _____

3. Que pensez-vous est la forme du texte ?

   _____

4. Faites quatre prédictions de ce qui va se passer dans le texte en se basant sur la couverture.

   a. _____

   b. _____

   c. _____

   d. _____

5. Quelle destination touristique est sur la couverture ?

   _____

1. Write a keyword found on the cover.

2. What is "la Corée du Sud" in English?

3. What do you think is the text form?

4. Make four predictions about what will happen in the text based on the cover.

5. What tourist destination is on the cover?

ISBN: 978-1-77149-210-2

D. Lisez un extrait de la bande dessinée. Répondez aux questions pendant la lecture.

Read an excerpt from the comic book. Answer the while-reading questions.

1. Trouvez des mots clés dans les bulles qui vous aident à comprendre le sujet de l'extrait. Écrivez-les.

   _____

   _____

2. À qui est-ce qu'Arielle parle au Palais de Changdeokgung ? Comment savez-vous ?

   _____

   _____

3. Quel est le grand événement qui arrive dans l'extrait ?

   _____

ISBN: 978-1-77149-210-2

La compréhension à lecture

La compréhension à lecture

Il y a des stratégies que vous pouvez utiliser après la lecture pour aider et démontrer votre compréhension d'un texte écrit.

Les stratégies après la lecture

1. **Utilisez des cartes heuristiques**

    Utilisez une grille, un remue-méninges, ou un diagramme Venn pour organiser l'information dans le texte, comme les personnages, les événements, et les idées clés.

    e.g.

    une grille

Personnages	Conflits
• un castor • les humains	• Les humains coupent les arbres dans leur bois.

    un diagramme Venn

    Un castor
    • sympathique
    • vit dans les bois
    •
    •

    Les humains
    • égoïstes
    • n'apprécient pas les arbres
    •
    •

    Un remue-méninges

    les animaux   la protection

    Le thème :
    L'environnement

    les arbres   la menace

2. **Posez des questions**

    Améliorez votre compréhension d'un texte en vous pasant des questions à propos des personnages et des événements dans le texte.

ISBN: 978-1-77149-210-2

My Translation Chart

3. **Vérifiez vos prédictions**

Avant de lire, vous devriez faire des prédictions de ce qui va se passer dans le texte. Après, déterminez quelles prédictions sont correctes ou comment elles sont incorrectes.

Des expressions après la lecture :

- J'ai découvert que...
- J'ai trouvé que...
- Ma prédiction initiale est correcte...
- Ma prédiction initiale n'est pas correcte parce que...

4. **Utilisez votre imagination**

Utilisez votre imagination pour rendre plus clairs les détails d'un personnage ou d'une scène.

After-reading Strategies

1. Use a chart, a brainstorm diagram, or a Venn diagram to organize the information in the text, such as the characters, the events, and the key ideas.

2. Improve your comprehension of a text by asking yourself questions about the characters and events in the text.

3. Before reading, you must make predictions about what will happen in the text. After, determine which predictions are correct or how they are incorrect. Expressions after reading:

- I discovered that...
- I found that...
- My initial prediction is correct...
- My initial prediction is incorrect because...

4. Use your imagination to make the details of a character or a scene clearer.

J'imagine que les arbres se réveillent et ils encouragent les humains à ne pas les couper pour leur bois.

ISBN: 978-1-77149-210-2

A. Lisez encore le texte « Hergé - dessinateur belge de Tintin » dans l'unité précédente. Répondez aux questions de compréhension.

Read the text "Hergé - dessinateur belge de Tintin" in the previous unit again. Answer the comprehension questions.

1. Pendant quel événement mondial est-ce que Hergé a publié la première bande dessinée « Les aventures de Tintin » ?

_____

2. Qui sont les deux personnages principaux dans la série « Les aventures de Tintin » ?

_____

3. Que font-ils dans les pays étrangers qu'ils visitent ?

_____

4. Quelle est la carrière de Tintin dans la série ?

_____

5. *Faites une liste de trois questions que vous avez à propos de Georges Remi, « la ligne claire », ou Tintin après avoir lu le texte.*

- _____

  _____

- _____

  _____

- _____

  _____

1. During which world event did Hergé publish "The Adventures of Tintin"?

2. Who are the two main characters in the series "The Adventures of Tintin"?

3. What do they do in the foreign countries they visit?

4. What is Tintin's career in the series?

5. List three questions you have about Georges Remi, "the clear line", or Tintin after having read the text.

ISBN: 978-1-77149-210-2

B. Lisez encore l'extrait de la bande dessinée « Arielle à la Corée du Sud » dans l'unité précédente. Répondez aux questions de compréhension.

Read the excerpt of the comic book "Arielle à la Corée du Sud" in the previous unit again. Answer the comprehension questions.

1. Est-ce que vos prédictions initiales sont correctes ?

   Oui / Non

N'oubliez pas les expressions après la lecture à la page 95 que vous pouvez utiliser pour répondre à ces questions.

2. Sinon, pourquoi pas ?

   _____

   _____

3. Qu'est-ce que vous avez découvert après avoir lu le texte ?

   _____

   _____

   _____

4. Est-ce que vous aimez l'histoire ? Pourquoi ?

   _____

   _____

   _____

5. Est-ce qu'elle vous donne l'envie de visiter la Corée du Sud ? Pourquoi ?

   _____

   _____

   _____

1. Are your initial predictions correct?
2. If not, why?
3. What did you discover after having read the text?
4. Do you like the story? Why?
5. Does it make you want to visit South Korea? Why?

C. Lisez un autre extrait de la bande dessinée. Répondez aux questions après la lecture.

Read another excerpt from the comic book. Answer the after-reading questions.

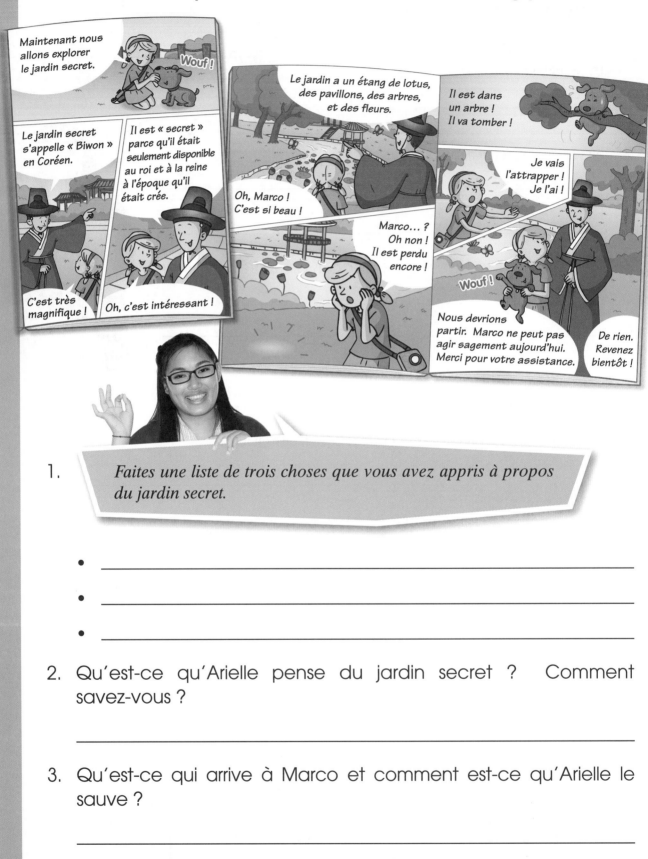

1. *Faites une liste de trois choses que vous avez appris à propos du jardin secret.*

- _____
- _____
- _____

2. Qu'est-ce qu'Arielle pense du jardin secret ? Comment savez-vous ?

_____

3. Qu'est-ce qui arrive à Marco et comment est-ce qu'Arielle le sauve ?

_____

ISBN: 978-1-77149-210-2

D. Utilisez votre imagination pour compléter les activités reliées à l'extrait à la page précédente.

Use your imagination to complete the activities related to the excerpt on the previous page.

Recherchez plus d'information à propos du Palais de Changdeokgung pour vous aider.

1. Pourquoi imaginez-vous qu'Arielle et Marco visitent le Palais de Changdeokgung ?

   _____

   _____

2. Imaginez une autre chose coquine que Marco peut faire dans le jardin secret ou une autre partie du Palais.

   _____

   _____

   _____

3. Quelle partie du Palais de Changdeokgung voulez-vous visiter ? Pourquoi ?

   _____

   _____

4. Décrivez comment vous imaginez cette partie du Palais.

   _____

   _____

1. Why do you imagine Arielle and Marco are visiting the Changdeokgung Palace?

2. Imagine another mischievous thing Marco can do in the Secret Garden or another part of the palace.

3. Which part of the Changdeokgung Palace do you want to visit? Why?

4. Describe how you envision this part of the palace.

ISBN: 978-1-77149-210-2

Le but et le sens d'un texte

Le but d'un texte

Le but d'un texte est l'intention de l'auteur. C'est important de l'identifier parce que le but est la raison que l'auteur a écrit le texte.

Des stratégies pour déterminer le but d'un texte : a

1. *Reconnaissez la forme textuelle pour déterminer le but typique de cette forme textuelle.*

2. *Faites attention aux essais de l'auteur d'influencer les lecteurs pour achever un but.*

3. *Utilisez des expressions et du vocabulaire précis lorsque vous discutez de votre interprétation du but avec un partenaire.*

Des buts typiques selon la forme textuelle :

La forme : Un roman graphique

Le but : Raconter une histoire

La forme : Un article de magazine

Le but : Fournir de l'information, des explications, et des arguments

La forme : Un conte populaire

Le but : Expliquer des croyances ou des coutumes

La forme : Un courriel ou un texto

Le but : Transmettre de l'information ou de salutations, de demander des renseignements, ou d'avoir un dialogue

 ISBN: 978-1-77149-210-2

Le sens d'un texte

Le sens d'un texte est le sens des mots et des phrases individuels, aussi que le message principal du texte. C'est ce que l'auteur veut communiquer par le texte. **b**

Des stratégies pour déterminer le sens d'un texte : **c**

1. *Mettez un nouveau mot en contexte. Lisez le reste de la phrase ou paragraphe pour déterminer le sens du mot et de la phrase.*

2. *Faites un remue-méninges et/ou mettez les événements en ordre. Ensuite analysez cette information pour déterminer le sens.*

3. *Remarquez quand l'auteur utilise des mots qui définissent la relation entre les idées. Ces mots s'appellent des connecteurs de logique ou des marqueurs de temps.*

Des exemples de ces mots sont :

- *parce que...*
- *...car...*
- *...donc...*
- *en effet...*
- *...ainsi...*
- *...de plus...*
- *...ensuite...*
- *...puis...*

J'ai besoin de quelque chose à boire parce que j'ai soif.

a **Strategies to Determine the Purpose of a Text:**

1. Recognize the text form to determine the typical purpose of this text form.

2. Pay attention to the attempts made by the author to influence readers in order to achieve a purpose.

3. Use precise expressions and vocabulary when discussing your interpretation of the purpose with a partner.

b The meaning of a text is the meaning of the individual words and sentences, as well as the message of the text. It is what the author wants to communicate through the text.

c **Strategies to Determine the Meaning of a Text:**

1. Put a new word in context. Read the rest of the sentence or paragraph to determine the meaning of the word and sentence.

2. Brainstorm and/or put the events in order. Then analyze this information to determine the meaning.

3. Recognize when the author uses words that define the relationship between ideas. These words are logical connectors or time markers.

 ISBN: 978-1-77149-210-2

A. Lisez le texte. Répondez aux questions.

Read the text. Answer the questions.

Pour déterminer la forme du texte, analysez les caractéristiques comme la structure, le placement des mots, et les images.

1. À votre avis, quelle est la forme textuelle ? Quel est le but typique de cette forme ?

   _____

   _____

2. Est-ce que l'auteur essaie de vous influencer à changer votre opinion ? Décrivez les raisons pour votre réponse.

   _____

   _____

3. Quel est le but spécifique de ce texte ? Pourquoi ? Utilisez des connecteurs de logique dans votre réponse.

   _____

   _____

1. In your opinion, what is the text form? What is the typical purpose of this text form?

2. Is the author trying to influence you to change your opinion? Describe the reasons for your answer.

3. What is the specific purpose of this text? Why? Use logical connectors in your answer.

ISBN: 978-1-77149-210-2

B. Lisez le texte. Répondez aux questions.

Read the text. Answer the questions.

Faites attention au véhicule du texte. Ça peut vous aider à déterminer la forme et donc le but du texte.

Légende de mots

pote : ami

on : nous

ouai : oui

chui : je suis

d'acc. : d'accord

MDR : mort de rire (LOL)

A + ! : À plus (tard)

1. Quelle est la forme textuelle ? Quel est le but typique de cette forme-ci ?

   _____

   _____

2. Est-ce que les locuteurs essaient de convaincre l'un ou l'autre de faire quelque chose ? Comment le savez-vous ?

   _____

   _____

3. Quelle est la raison qu'une personne doit se dépêcher ? Quel connecteur de logique est utilisé ?

   _____

   _____

1. What is the text form? What is the typical purpose of this text form?

2. Are the speakers trying to convince one another of something? How do you know?

3. Why does one of the speakers have to hurry up? What logical connector is used?

ISBN: 978-1-77149-210-2

C. Lisez l'extrait d'un texte. Répondez aux questions.

Read the excerpt of a text. Answer the questions.

> Faites attention au langage utilisé, aussi que les sentiments évoqués par le texte pour déterminer sa forme.

L'homme en noir

Pendant le 15ᵉ siècle, l'hiver était rude. Un colon français qui s'appelait Baptiste est venu coloniser la terre canadienne. Il était fort et brave et il avait en effet une belle fille qui s'appelait Lysa. Elle avait de grands yeux noirs et elle aimait chanter.

Un jour, un étranger vêtu tout en noir est venu de la forêt mystérieuse. Il s'est approché de leur cabane. Puis, il a cogné à la porte. Toc ! Toc ! Toc !

1. Quelle est la forme du texte ? Quel est l'intention de l'auteur ?

   _____

   _____

2. Quels sentiments est-ce que l'auteur essaie-t-il de transmettre lorsque l'étranger s'arrive ? Comment ?

   _____

   _____

3. L'auteur essaie-t-il de transmettre de valeurs culturelles ? De quelle culture s'agit-il ?

   _____

4. Quel est l'impact de l'onomatopée « Toc ! Toc ! Toc ! » ?

   _____

1. What is the text form? What is the author's intention?

2. What feelings is the author trying to transmit when the stranger arrives? How?

3. Is the author trying to transmit cultural values? Which culture is it?

4. What is the impact of the onomatopoeia "Toc! Toc! Toc!"?

ISBN: 978-1-77149-210-2

D. Lisez le texte. Répondez aux questions.

Read the text. Answer the questions.

Faites attention aux caractéristiques textuelles.

Dans la tête d'Anna Forestier

Comment devenir un(e) athlète extraordinaire comme cette skieuse canadienne et gagnante olympienne ?

1. Entraînez-vous tous les jours.
2. Gardez l'espoir.
3. Relevez des défis.
4. Analysez des erreurs et faites du progrès.
5. N'ayez pas peur des échecs.
6. Mangez sainement.
7. Dormez beaucoup.

Anna Forestier, gagnante olympienne de la médaille d'or, 2016.

1. Quelle est la forme du texte ? Quelles caractéristiques vous aident à déterminer cela ?

   _____

   _____

   _____

2. Quel est le but ? Comment est-ce que la forme textuelle peut-elle influencer le but du texte ?

   _____

   _____

3. L'auteur essaie-t-il d'influencer les lecteurs ? De quelle façon ?

   _____

4. Quel est votre jugement du texte ? Est-ce qu'il a accompli son but ?

   _____

   _____

1. What is the text form? What characteristics help you determine this?

2. What is the purpose? How can the text form influence the purpose?

3. Does the author try to persuade readers? In what way?

4. What do you think of the text? Does it accomplish its purpose?

ISBN: 978-1-77149-210-2

La forme et le style

La forme d'un texte

La forme d'un texte est le type de texte que c'est. Il y a plusieurs formes textuelles. **a**

Pour identifier la forme d'un texte : **b**

1. *Identifiez les caractéristiques textuelles. Il y a certaines caractéristiques qui définissent le type de texte dont il s'agit. Ici vous allez apprendre à identifier les caractéristiques textuelles d'une forme textuelle.*

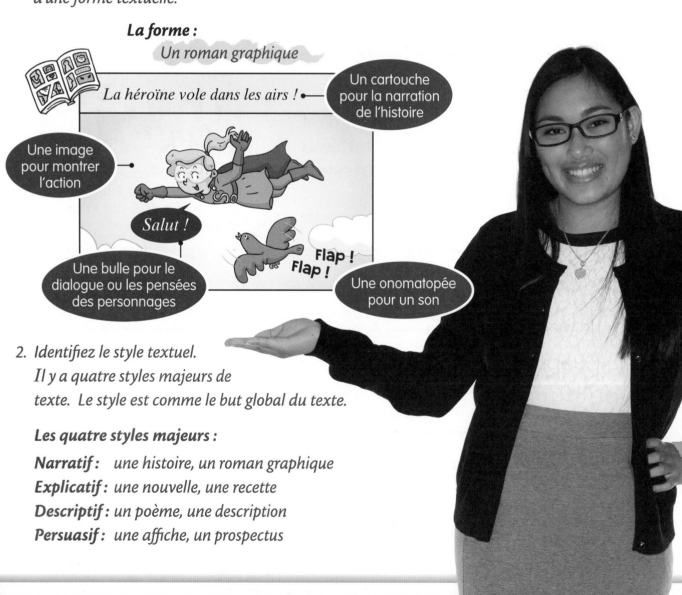

2. *Identifiez le style textuel. Il y a quatre styles majeurs de texte. Le style est comme le but global du texte.*

Les quatre styles majeurs :

Narratif : *une histoire, un roman graphique*

Explicatif : *une nouvelle, une recette*

Descriptif : *un poème, une description*

Persuasif : *une affiche, un prospectus*

ISBN: 978-1-77149-210-2

My Translation Chart

Chaque forme de texte suit un ou plusieurs style(s).

e.g. ***La forme :***

Un article de magazine

Les styles :

explicatif et persuasif – pour expliquer des astuces de beauté et pour persuader des personnes d'acheter des produits

La forme :

Un roman graphique

Les styles :

narratif et descriptif – pour narrer une histoire et pour décrire des personnages et des événements c

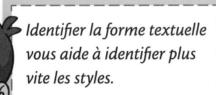

Identifier la forme textuelle vous aide à identifier plus vite les styles.

a The form of a text is the type of text it is. There are several textual forms.

b **To Identify the Text Form:**

1. Identify the textual characteristics. There are certain characteristics that define the type of text it is. Here you will learn how to identify the characteristics of a text form.

2. Identify the textual style. There are four major text styles.
   Narrative: a story
   Expository: a news article
   Descriptive: a description
   Persuasive: a flyer

c Each text form follows one or more style(s).

The form: a magazine article
The styles: expository and persuasive – to explain beauty tricks and to sell products

The form: a graphic novel
The styles: narrative and descriptive – to narrate a story and to describe characters and events

ISBN: 978-1-77149-210-2

A. Lisez les textes et remplissez la grille.

Read the texts and complete the chart.

A

À : naomie@pop.com

De : océanne@pop.com

Sujet : Ta fête !

Salut cousine !

Bonne fête ! Je t'ai envoyé un cadeau par courrier. Tu l'aimeras sûrement ! J'espère que tout va bien au Maroc.

Milles bises,
Océanne

B

Salut ! Est-ce que tu veux faire du shopping ?

Ouai ! Je vais TDS.

D'acc. Il fait chaud, donc porte un short.

Merci !

Vous avez besoin d'identifier les caractéristiques textuelles. Vous pouvez les examiner ou les rechercher en ligne si vous avez de la difficulté.

	A	**B**
Les caractéristiques textuelles		
La forme textuelle		
Les styles		

ISBN: 978-1-77149-210-2

B. Lisez le texte et remplissez les bulles avec les lettres pour identifier les caractéristiques qui définissent le texte. Ensuite répondez aux questions.

Read the text and fill in the bubbles with the letters to identify the characteristics that define the text. Then answer the questions.

1.

A Le titre

B Un sous-titre

C Une image

D Le texte

E Une légende

F Une citation

www.étoilecellulaire.org

L'étoile cellulaire 8 : Plus puissant que jamais ?

Le nuage 249$

L'hypertexto 279$

Selon les critiques

La toute nouvelle technologie est imbattable selon les critiques ! En passant en revue, l'étoile cellulaire 8 a plus de batteries et une expérience plus aisée en ce qui concerne ses applications.

Le modèle en blanc, 299$

« Une expérience plus aisée »

Selon les clients

Par conte, il y a toujours une guerre froide entre les clients de la marque Technologie Étoile et ceux de la marque Robo Drone. Depuis la retraite du directeur de ce premier, le doute se répand entre les clients de Technologie Étoile.

« Une guerre froide »

2. Quelle est la forme textuelle ? _____

3. Quels sont les styles ? _____

4. Expliquez les styles de texte en plus. Comment est-ce que vous pouvez identifier ces styles ?

Explain the text styles further. How can you identify these styles?

_____

_____

_____

5. Quelles sont les deux opinions présentées dans l'article ?

What are the two opinions presented in the article?

_____

_____

ISBN: 978-1-77149-210-2

C. Lisez le texte et remplissez les bulles de lettres pour identifier les caractéristiques qui définissent le texte. Ensuite répondez aux questions.

Read the text and fill in the letters to identify the characteristics that define the text. Then answer the questions.

1.

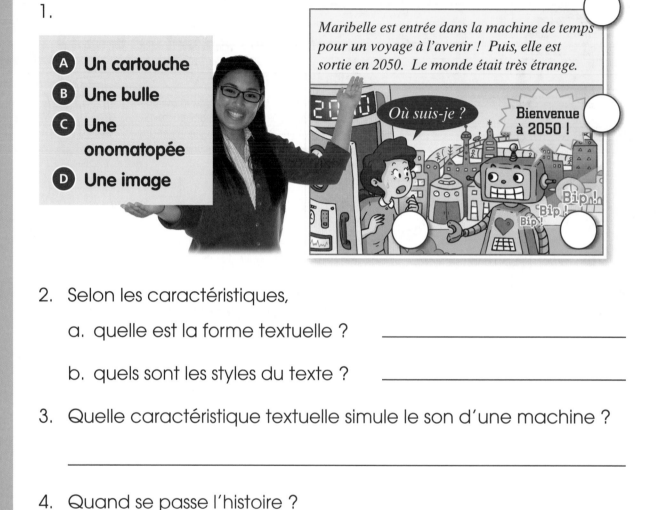

A Un cartouche

B Une bulle

C Une onomatopée

D Une image

Maribelle est entrée dans la machine de temps pour un voyage à l'avenir ! Puis, elle est sortie en 2050. Le monde était très étrange.

Où suis-je ?

Bienvenue à 2050 !

Bip !
Bip !
Bip !

2. Selon les caractéristiques,

   a. quelle est la forme textuelle ? _____

   b. quels sont les styles du texte ? _____

3. Quelle caractéristique textuelle simule le son d'une machine ?

   _____

4. Quand se passe l'histoire ?

   _____

5. Décrivez le monde en 2050 en se basant sur le texte.

   _____

   _____

3. What textual characteristic simulates the sound of a communication tool?

4. When does the story take place?

5. Describe the world in 2050 based on the text.

ISBN: 978-1-77149-210-2

D. Lisez l'extrait d'un texte. Répondez aux questions.

Read the excerpt of a text. Answer the questions.

Savoir le but d'un texte peut vous aider à identifier sa forme et son style.

La queue de l'écureuil

Il était une fois dans une forêt magique dans ce qui est maintenant l'Amérique du Nord, un écureuil qui habitait paisiblement avec une tribu de Premières Nations. Cet écureuil n'avait pas de queue comme tous les autres écureuils à cette époque-là.

Un jour, l'écureuil a vu des colons anglais et des colons français qui sont brusquement entrés dans son monde paisible. Tout effrayé, l'écureuil est parti trouver le chef de sa tribu, un homme brave qui s'appelait Arron Moriseau.

« Je dois parler au Grand Esprit », dit-il au chef.

Le chef est allé dans la forêt pour quelques jours. Quand il est retourné, il a pointé le doigt à l'écureuil.

« Le Grand Esprit conseille que tu peux m'aider... »

1. Que pensez-vous est le but de l'extrait ?
   What do you think is the purpose of the excerpt?

   _____

2. Quelles sont les caractéristiques textuelles de l'extrait ?
   What are the textual characteristics of the excerpt?

   _____

3. Quelle est la forme textuelle ?

   _____

4. Quels sont les styles ?

   _____

ISBN: 978-1-77149-210-2

16

Le vocabulaire

Le vocabulaire

Dans cette unité, vous allez apprendre de nouveaux mots de numéros et des stratégies pour enrichir votre vocabulaire. Ces stratégies vous aident à apprendre le vocabulaire de la 7ᵉ année, qui inclue les mots reliés à des activités, le magasinage, les événements courants, la nourriture, les films, la télévision, et la radio. **a**

Les numéros de 100 à 1000

Les centaines
100   cent
200   deux cents
300   trois cents
400   quatre cents
500   cinq cents
600   six cents
700   sept cents
800   huit cents
900   neuf cents

Les milliers
1000   mille

Les centaines et les unités
101   cent un
102   cent deux
⋮
160   cent soixante
⋮
169   cent soixante-neuf
170   cent soixante-dix
⋮
179   cent soixante-dix-neuf
180   cent quatre-vingt
⋮
189   cent quatre-vingt-neuf
190   cent quatre-vingt-dix
⋮
199   cent quatre-vingt-dix-neuf

> *Suivez le style pour tous les nombres entre ceux-ci.*

Nombres 20 – 60

20 vingt   30 trente   40 quarante
50 cinquante   60 soixante

Nombres 70 – 79

70	soixante-dix	60 + 10
71	soixante-onze	60 + 11
72	soixante-douze	60 + 12
79	soixante-dix-neuf	60 + 19

Nombres 80 – 99

80	quatre-vingt	
81	quatre-vingt-un	
82	quatre-vingt-deux	
90	quatre-vingt-dix	80 + 10
91	quatre-vingt-onze	80 + 11
99	quatre-vingt-dix-neuf	80 + 19

Les centaines, les dizaines, et les unités

253	*deux cent cinquante-trois*
476	*quatre cent soixante-seize*
592	*cinq cent quatre-vingt-douze*

ISBN: 978-1-77149-210-2

Des stratégies pour développer votre vocabulaire : b

Ces stratégies vous aident à déterminer le sens de nouveaux mots.

1. *Faites une liste de mots apparentés pour vous aider à ancrer votre compréhension sur votre langue maternelle, l'anglais. Des mots apparentés sont des mots français qui sont similaires aux mots anglais en orthographe et en sens.*

français	anglais
active	active
acteur	actor

2. *Cherchez des synonymes et des antonymes pour des mots qui vous sont familiers et non-familiers.*

Synonymes
beau / joli

3. *Reconnaissez des structures linguistiques comme l'ordre des mots, le genre, et le nombre pour déterminer le sens de nouveaux mots.*

4. *Cherchez un nouveau mot dans un dictionnaire pour vérifier le sens, le genre, le nombre, et le type de mot (e.g. un nom).*

5. *Faites une banque de mots personnelle. Cette habitude vous aide à améliorer votre orthographe de ces mots.*

Ma banque de mots
une destination
un tapis
disparaître
lointain

a In this unit, you will learn new number words and strategies to expand your vocabulary. These strategies will help you learn the Grade 7 vocabulary, which includes words related to activities, shopping, current events, food, movies, television, and the radio.

b **Strategies for Developing Your Vocabulary:**

1. Make a list of cognates. Cognates are French words that are similar to English words in spelling and meaning.

2. Search for synonyms and antonyms of familiar and unfamiliar words.

3. Recognize linguistic structures such as word order, gender, and number to determine meaning.

4. Search new words in a dictionary to verify the meaning, gender, number, and word type.

5. Make a personal word bank. This habit will improve your French spelling.

ISBN: 978-1-77149-210-2

A. Écrivez les mots ou les chiffres qui correspondent aux numéros.

Write the words or the digits that correspond to the numbers.

1.

A BANQUE RIR

Date ☐☐☐☐☐☐☐
Y Y Y Y M M D D

PAYEZ
CONTRE CHÈQUE _mille huit cent quatre-vingt-deux_ $

À _Bill Jones_

⑆000000123⑆ 000000123⑆

B BANQUE RIR

Date ☐☐☐☐☐☐☐
Y Y Y Y M M D D

PAYEZ
CONTRE CHÈQUE _sept cent soixante-dix-sept_ $

À _Josh Skanes_

⑆000000123⑆ 000000123⑆

C BANQUE RIR

Date ☐☐☐☐☐☐☐
Y Y Y Y M M D D

PAYEZ
CONTRE CHÈQUE _quatre cent quarante-cinq_ $

À _Claire Duarté_

⑆000000123⑆ 000000123⑆

D BANQUE RIR

Date ☐
Y

PAYEZ
CONTRE CHÈQUE   **1684** $

À _Sarah Vallé_

⑆000000123⑆ 000000123⑆

E BANQUE RIR

Date ☐☐☐☐☐☐☐
Y Y Y Y M M D D

PAYEZ
CONTRE CHÈQUE   **675** $

À Michelle Ménard

⑆000000123⑆ 000000123⑆

A _____ $

B _____ $

C _____ $

D _____

E _____

2. huit cent soixante-trois   _____

3. cinq cent cinquante et un   _____

4. deux cent quatre-vingt-onze   _____

5. 1076   _____

6. 719   _____

7. 853   _____

8. 462   _____

ISBN: 978-1-77149-210-2

B. Améliorez votre vocabulaire. Remplissez la grille avec les synonymes et les antonymes des mots.

Improve your vocabulary. Fill in the chart with the synonyms and antonyms of the words.

Les synonymes
(sens similaire)

affreux   audacieux
coûteux   croustillant
en vogue   ludique
onctueux   passionné
pétrifiant   piquant
savoureux   remarquable

Les antonymes
(sens opposé)

abordable   admirable
prudent   dégoûtant
démodé   desséché
doux   embêtant
ennuyeux   mou
réaliste   ridicule

Le mot	Un synonyme	Un antonyme
1. intéressant		
2. chic		
3. cher		
4. délicieux		
5. horrible		
6. amusant		
7. crémeux		
8. épicé		
9. croquant		
10. aventureux		
11. effrayant		
12. romantique		

ISBN: 978-1-77149-210-2

C. Lisez le courriel de marketing. Complétez les activités.

Read the marketing e-mail. Complete the activities.

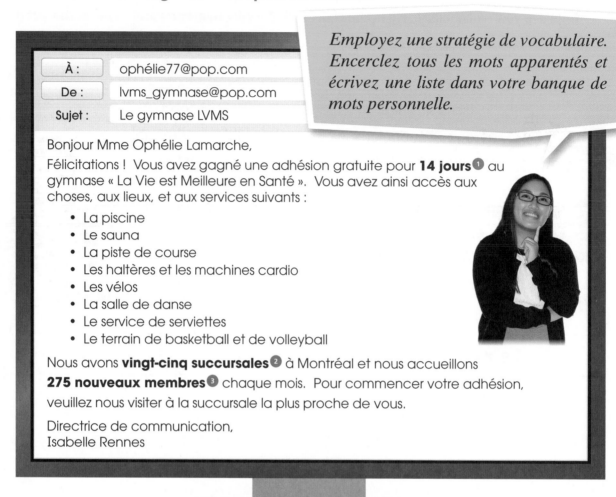

Employez une stratégie de vocabulaire. Encerclez tous les mots apparentés et écrivez une liste dans votre banque de mots personnelle.

À : ophélie77@pop.com

De : lvms_gymnase@pop.com

Sujet : Le gymnase LVMS

Bonjour Mme Ophélie Lamarche,

Félicitations ! Vous avez gagné une adhésion gratuite pour **14 jours❶** au gymnase « La Vie est Meilleure en Santé ». Vous avez ainsi accès aux choses, aux lieux, et aux services suivants :

- La piscine
- Le sauna
- La piste de course
- Les haltères et les machines cardio
- Les vélos
- La salle de danse
- Le service de serviettes
- Le terrain de basketball et de volleyball

Nous avons **vingt-cinq succursales❷** à Montréal et nous accueillons **275 nouveaux membres❸** chaque mois. Pour commencer votre adhésion, veuillez nous visiter à la succursale la plus proche de vous.

Directrice de communication,
Isabelle Rennes

1. Comment est-ce que les mots apparentés vous aident à comprendre le sens du courriel en général ?

   How do the cognates help you understand the meaning of the e-mail in general?

   _____

   _____

2. Écrivez les numéros dans le courriel en chiffres ou en mots.

   Write the numbers in the e-mail in digits or words.

   ❶ _____

   ❷ _____

   ❸ _____

ISBN: 978-1-77149-210-2

D. Lisez encore le courriel à la page précédente. Répondez aux questions.

Read the e-mail on the previous page again. Answer the questions.

1. a. Prédisez le sens du mot « adhésion ». Que pensez-vous qu'Ophélie a gagné au gymnase pour 14 jours ?

   Je prédis que la traduction anglaise est :

   _____

   b. Cherchez la traduction anglaise dans un dictionnaire. _____

   c. Quel type de mot s'agit-il ?

   (A) un verbe   (B) un adjectif   (C) un nom

   d. Cherchez trois synonymes du mot dans un thésaurus.

   _____

2. a. Prédisez le sens du mot « succursale ». _____

   b. Cherchez la traduction anglaise dans un dictionnaire.

   _____

   c. Quel type de mot s'agit-il ?

   (A) un adverbe   (B) un nom   (C) un preposition

   d. Cherchez trois synonymes du mot dans un thésaurus.

   _____

3.

Cherchez la traduction anglaise du mot « félicitations » dans un dictionnaire. Ensuite cherchez deux antonymes du mot dans un thésaurus.

   La traduction anglaise : _____
   Les antonymes :

   _____ ; _____

ISBN: 978-1-77149-210-2

La révision 3 :
La lecture

La révision

- **Les stratégies de compréhension à lecture**
- **La compréhension à lecture**
- **Le but et le sens d'un texte**
- **La forme et le style**
- **Le vocabulaire**

Les stratégies de compréhension à lecture

A. Lisez le texte.

À :	ruelo.terroni@pop.com
De :	admin@beausourire.com
Sujet :	Votre rendez-vous

Envoyer

Cher M. Terroni,

Voici une confirmation que votre rendez-vous chez Beau Sourire sera le samedi 22 avril 2017 de 10h20 à 11h10. Veuillez arriver à l'heure pour ne pas décaler les rendez-vous d'autres clients. — Para. 1

De plus, votre dentiste ce jour-ci sera Dr. Delaney parce que Dr. Manet est en vacances pendant deux semaines. En effet, il ne sera pas de retour jusqu'au 3 mai. Nous tenons ainsi à nous excuser auprès de nos clients pour tout inconvénient. — Para. 2

N'hésitez pas à nous contacter si vous avez des questions ou si vous voulez replanifier le rendez-vous. — Para. 3

Sincèrement,

Fatima Marcelle
Secrétaire chez Beau Sourire
1498 Rue Mantes
Trois Rivières, QB D5J 3P7
T : (819) 123-1234

ISBN: 978-1-77149-210-2

B. Lisez le texte à la page précédente. Répondez aux questions.

1. Quelle est l'idée principale dans chaque paragraphe ?

Para. 1 _____

_____

Para. 2 _____

_____

Para. 3 _____

_____

2. Faites une liste de mots apparentés que vous trouvez dans le texte.

_____   _____

_____   _____

_____   _____

_____   _____

3. Quel est le sens du nom « Beau Sourire » en anglais ?

_____

4. Qui est le destinataire du texte ?   _____

5. Qui est l'envoyeuse du texte ?   _____

6. Utilisez des indices grammaticaux. Le temps verbal du verbe « sera » est :

(A) le passé composé   (B) le présent de l'indicatif

(C) le futur simple   (D) le passé simple

ISBN: 978-1-77149-210-2

La compréhension à lecture

C. Lisez encore le texte. Répondez aux questions après la lecture.

1.

> *Trouvez et écrivez les connecteurs de logique ou de temps que vous trouvez dans le deuxième paragraphe du texte.*

_____ _____ _____

_____ _____ _____

2. Pourquoi est-ce que le dentiste sera Dr. Delaney ?

_____

3. Qui est le dentiste que M. Terroni voit d'habitude ?

_____

4. Quand est-ce que Dr. Manet sera de retour ?

_____

5. Pourquoi est-ce que les employés chez Beau Sourire s'excusent ?

_____

_____

6. Écrivez les numéros suivants en mots.

A 1498 Rue Mantes

B Un examen dentaire coûte environ 275$.

C Il faut se brosser les dents deux fois par jour soit 730 fois par année.

A _____

B _____

C _____

ISBN: 978-1-77149-210-2

7. Est-ce que la secrétaire essaie d'influencer M. Terroni d'une manière ou d'une autre ? Expliquez.

_____

_____

8. Qu'est-ce que la secrétaire veut dire par « veuillez arriver à l'heure » ?

_____

9. Pourquoi est-ce que M. Terroni doit arriver à l'heure ?

_____

10. Qu'est-ce que la secrétaire veut dire quand elle écrit « si vous voulez replanifier le rendez-vous » ?

_____

11. Pourquoi devrait-il replanifier son rendez-vous ?

_____

Le but et le sens d'un texte

D. Répondez aux questions à propos du texte.

1. Quel est le but du texte ? Pourquoi est-ce que la secrétaire de Beau Sourire a écrit le texte ?

_____

_____

2. Quel est le message principal du texte ?

_____

_____

3. Pourquoi est-ce que c'est important que M. Terroni reçoit le texte ?

_____

_____

ISBN: 978-1-77149-210-2

La forme et le style

E. Répondez aux questions à propos du texte.

1. Quelles sont les caractéristiques textuelles qui se trouvent dans le texte ?

   _____

   _____

   _____

2. En se basant sur les caractéristiques, quelle est la forme du texte ?

   _____

3. Quels sont les styles ? Comment savez-vous ?

   _____

   _____

Le vocabulaire

F. Remplissez la grille pour élargir votre vocabulaire. Utilisez les mots apparentés que vous avez trouvé dans le texte.

Les mots apparentés	Le type de mot	Un synonyme	Un antonyme

ISBN: 978-1-77149-210-2

G. Écrivez les mots ou les chiffres qui correspondent aux numéros.

1.

A _____

_____

B _____

_____

C _____

_____

D _____

_____

E deux cent quarante-neuf

F neuf cent quatre-vingt-cinq

G mille quatre cent vingt-trois

H quatre cent trente et un

2. mille huit cent soixante-six _____

3. trois cent vingt-deux _____

4. sept cent quarante-six _____

5. 597 _____

6. 1374 _____

7. 1999 _____

8. 1853 _____

ISBN: 978-1-77149-210-2

ISBN: 978-1-77149-210-2

Section IV

L'écriture
Writing

This section prepares students for writing texts in French by choosing their purpose, audience, form, and style, as well as learning French spelling rules and writing sentences. The section culminates with students following the writing process to write their own text in French. They are encouraged to read their writing aloud to help solidify their French pronunciation.

Le but et l'auditoire d'un texte

Le but et l'auditoire d'un texte

Avant d'écrire un texte, il faut identifier votre but et votre auditoire. Ça va vous aider à écrire plus clairement.

Le but d'un texte

Le but d'un texte est la raison pour laquelle il est écrit. Il y a cinq questions guides que vous devriez répondre pour générer un but pour votre texte.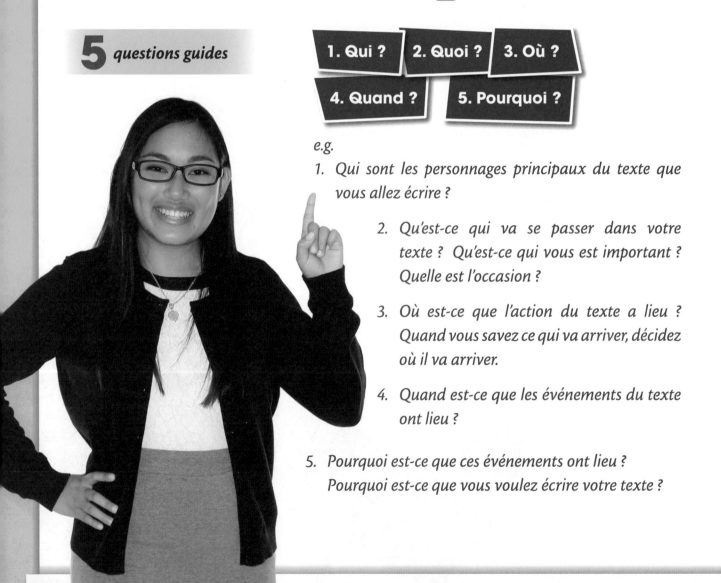

5 *questions guides*

1. Qui ?   2. Quoi ?   3. Où ?

4. Quand ?   5. Pourquoi ?

e.g.

1. *Qui sont les personnages principaux du texte que vous allez écrire ?*

2. *Qu'est-ce qui va se passer dans votre texte ? Qu'est-ce qui vous est important ? Quelle est l'occasion ?*

3. *Où est-ce que l'action du texte a lieu ? Quand vous savez ce qui va arriver, décidez où il va arriver.*

4. *Quand est-ce que les événements du texte ont lieu ?*

5. *Pourquoi est-ce que ces événements ont lieu ? Pourquoi est-ce que vous voulez écrire votre texte ?*

ISBN: 978-1-77149-210-2

My Translation Chart

L'auditoire d'un texte

L'auditoire est la personne ou les personnes pour qui vous voulez écrire un texte. L'auditoire devrait réaliser votre but. Par exemple, si votre but est de divertir, votre auditoire est quelqu'un(e) qui va être diverti par le texte. **b**

Les questions guides que vous devriez vous demander pour déterminer votre auditoire sont : **c**

Qui ?

À qui écrivez-vous ? Qui est la personne ou les personnes qui vont réaliser votre but ? Qui sont les personnes avec qui vous voulez communiquer par votre texte ?

Pourquoi ?

Pourquoi est-ce que vous avez choisi cet auditoire ? Pourquoi est-ce qu'il va réaliser votre but ?

a The purpose of a text is the reason it was written. There are five guiding questions you should answer to generate a purpose for your text:

1. Who are the main characters of the text you will write?
2. What will happen in your text? What is important to you? What is the occasion?
3. Where does the action take place?
4. When will the events take place?
5. Why do the events take place? Why do you want to write your text?

b The audience is the person or the people for whom you want to write a text. The audience should realize your purpose.

c The guiding questions to ask to determine your audience are:

Qui ? To whom are you writing? Who will realize your purpose? With whom do you want to communicate?

Pourquoi ? Why have you chosen this audience? Why will he or she realize your purpose?

ISBN: 978-1-77149-210-2

A. Lisez la description de chaque texte. Ensuite encerclez le but et soulignez l'auditoire.

Read the description of each text. Then circle the purpose and underline the audience.

Si l'auditoire n'est pas mentionné, écrivez votre prédiction de l'auditoire selon le texte.

l'auditoire

1. Andrei veut partager ses sentiments dans un poème ou une chanson pour une présentation orale devant ses camarades de classe.

   _____

2. Paulette veut faire une grille qui compare les avantages et les désavantages de consommer de la restauration rapide pour le déjeuner. Elle va l'afficher dans la cafétéria de son école.

   _____

3. Cynthia veut inviter ses amis et sa famille à une célébration.

   _____

4. Antoine veut créer un scénario avec un partenaire ou dans un groupe pour un projet de film.

   _____

5. Marc veut exprimer son appréciation d'une vedette dans une lettre parce qu'il est amateur.

   _____

6. Sophie veut fournir des instructions d'usage pour un produit qu'elle et son groupe ont fabriqué.

   _____

7. Alexandre veut soumettre une proposition au directeur pour suggérer des pratiques environnementales pour l'école.

   _____

ISBN: 978-1-77149-210-2

B. Lisez le texte et identifiez son but et son auditoire.

Read the text and identify its purpose and audience.

Attention les élèves !

Les élections pour le conseil d'élèves de l'année 2017-2018 ont lieu le lundi 28 septembre 2017 à 8h30. Les candidats du président sont :

 Camille Rose   **André Cordeiro**

 Joshua Duarté   **Sarah Vallé**

Les candidats donnent leurs discours finals le vendredi 25 septembre 2017 à 14h15 dans le gymnase. Bonne chance à tous les candidats !

> *Utilisez les indices et les caractéristiques textuelles pour vous aider à déterminer le but et l'auditoire du texte.*

1. Quel est le but du texte ?

   _____

   _____

   _____

2. Qui est l'auditoire du texte ?

   _____

3. Pourquoi est-ce que cet auditoire peut réaliser le but du texte ?

   _____

   _____

ISBN: 978-1-77149-210-2

C. Répondez aux questions pour générer le but d'un texte que vous allez écrire.

Answer the questions to generate the purpose of a text you will write.

> *Pratiquez à développer les idées principales des textes que vous écrivez. Utilisez le but et l'auditoire que vous choisissez ici pour un texte que vous allez écrire à l'avenir.*

Votre but

Qui ?

Qui sont les personnages dans votre texte ?

_____

Quoi ?

Qu'est-ce qui se passe dans votre texte ? Quelle est l'occasion ?

_____

_____

Où ?

Où est-ce que l'événement dans votre texte a lieu ?

_____

Quand ?

Quand est-ce qu'il a lieu ?

_____

Pourquoi ?

Pourquoi est-ce que l'événement dans votre texte a lieu ?

_____

Votre but

Pourquoi est-ce que vous écrivez ce texte ? Qu'est-ce que vous voulez accomplir ?

_____

_____

ISBN: 978-1-77149-210-2

D. Répondez aux questions pour choisir l'auditoire d'un texte que vous allez écrire.

Answer the questions to choose the audience of a text you will write.

> *Utilisez votre but à la page précédente pour choisir votre auditoire. N'oubliez pas que l'auditoire devrait réaliser votre but.*

Mon but

_____

_____

Qui ?

1. Selon votre but, qui est la personne ou qui sont les personnes qui peuvent réaliser votre but ?

_____

2. Connaissez-vous cette ou ces personne(s) ? Comment ?

_____

Pourquoi ?

?

3. Pourquoi pensez-vous que cet auditoire va réaliser votre but ?

_____

_____

4. Comment est-ce que cet auditoire va réaliser votre but ?

_____

_____

1. Based on your purpose, who is the person or who are the people that can fulfill your purpose?
2. Do you know this person or these people? How?
3. Why do you think this audience will fulfill your purpose?
4. How will this audience fulfill your purpose?

ISBN: 978-1-77149-210-2

18

La forme et le style

La forme d'un texte

La forme d'un texte est le type de texte, c'est-à-dire la structure du texte. Après que vous avez choisi le but de votre texte, vous avez besoin de choisir la meilleure forme textuelle pour accomplir ce but. [a]

Posez ces questions pour choisir la meilleure forme : [b]

Où ?

Où est-ce que votre texte va être lu ? Est-ce que le texte sera lu en ligne ou en personne ? Pour quel établissement écrivez-vous ?

Comment ?

Comment devriez-vous adresser votre auditoire pour accomplir votre but ? Par exemple, comment devriez-vous vous adresser à vos amis en comparaison à vos camarades de classe ? Quelle forme textuelle conviendra la mieux à atteindre votre but ?

Comment écrire une certaine forme textuelle ?

Chaque forme textuelle a certaines caractéristiques qui la définissent. Identifiez les caractéristiques de la forme que vous utilisez et incluez-les. [c]

- **1** un titre
- **2** des rimes
- **3** l'usage de l'imagerie
- **4** des couplets

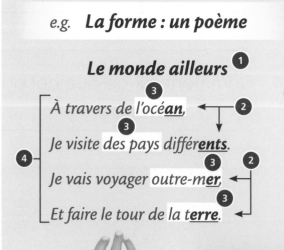

e.g. **La forme : un poème**

Le monde ailleurs ①

À travers de l'oc**éan**,

Je visite des pays diff**érents**.

Je vais voyager outre-m**er**,

Et faire le tour de la t**erre**.

ISBN: 978-1-77149-210-2

My Translation Chart

Le style d'un texte

Le style est la façon dont l'auteur écrit. L'auteur choisit un style qui correspond à la forme du texte, et le syntaxe, les mots, et le ton suivent ce style. Les quatre styles majeurs sont : **d**

Narratif — *Quand vous voulez narrer une histoire*

Descriptif — *Quand vous voulez décrire quelque chose en détail*

Persuasif — *Quand vous voulez persuader des personnes à faire quelque chose*

Explicatif — *Quand vous voulez expliquer quelque chose*

Chaque forme de texte peut suivre plusieurs styles. La forme et le style donnent à l'auteur la structure pour son écriture.

Par exemple, si l'auteur écrit dans la forme d'une histoire fictive, ses styles sont narratif et descriptif. Alors, il utilise un langage figuratif et descriptif.

a The form of a text is the type of text it is. After you have chosen the purpose of your text, you must choose the best text form to achieve your purpose.

b **Ask these questions to choose the best form:**

Où ? Where will your text be read? Will it be read online or in person? For what establishment are you writing?

Comment ? How should you address your audience to achieve your purpose?

c Each text form has certain characteristics that define it. Identify the characteristics of the form you are using and include them.

d The style is the way the author writes. The author chooses a style that corresponds to the text form, and the syntax, the words, and the tone follow this style. The four major styles are narrative, descriptive, persuasive, and expository. Each text form can follow several styles. The form and style give the author the structure for their writing.

ISBN: 978-1-77149-210-2

A. Lisez le texte. Répondez aux questions.

Read the text. Answer the questions.

Le jeudi 27 septembre 2019

Cher journal,

Aujourd'hui à l'école j'ai rencontré une nouvelle étudiante qui s'appelle Julie. Elle est en 7e année aussi et elle est dans ma classe. Nous avons parlé beaucoup ensemble pendant la récréation et le déjeuner, et je pense que nous sommes déjà de bonnes amies. Mon anniversaire est bientôt et je vais inviter Julie. Elle m'a dit qu'elle veut s'inscrire à la même école de danse que moi, alors nous allons danser ensemble cette année après l'école ! Je suis tellement heureuse d'avoir une nouvelle amie.

À plus tard,
Suzanne

Identifiez les caractéristiques textuelles pour vous aider.

1. Quel est le but du texte ?

   _____

2. Qui est l'auditoire du texte ?

   _____

3. Quelle est la forme textuelle ?

   _____

4. Quels sont les styles textuels ?

   _____

ISBN: 978-1-77149-210-2

B. Lisez le texte. Répondez aux questions.

Read the text. Answer the questions.

Analysez le texte pour déterminer son but et son auditoire.

Un pizza déjeuner !

Attention les étudiants :

Ce jeudi 15 octobre, nous allons avoir un pizza déjeuner ! Le but de ce déjeuner est de lever des fonds pour rénover le gymnase de l'école et acheter de nouveaux ordinateurs pour l'école. Ça va augmenter l'esprit d'école de nos élèves ! Voici l'information du pizza déjeuner :

La date : Le jeudi 15 octobre
Le temps : 11h30
Le lieu : La cafétéria
Le prix : 3.50$ par personne pour 2 pointes de pizza

1. Quel est le but du texte ?

   _____

2. Qui est l'auditoire du texte ?

   _____

3. Quelle est la forme textuelle ?

   _____

4. Quels sont les styles textuels ?

   _____

ISBN: 978-1-77149-210-2

C. Pratiquez à écrire une invitation. Complétez les activités.

Practise writing an invitation. Complete the activities.

 Votre but

_____

_____

Choisissez le but et l'auditoire de votre forme textuelle : une invitation. Ensuite identifiez le(s) style(s).

Votre auditoire

_____

Votre invitation

Le(s) style(s) d'écriture : _____

Cochez chaque caractéristique textuelle lorsque vous l'incluez.

A la date   B une description de l'occasion

C l'heure   D de l'information à propos de la tenue

E le lieu   F des instructions pour confirmer la participation

ISBN: 978-1-77149-210-2

D. Pratiquez à écrire un poème ou une chanson. Complétez les activités.

Practise writing a poem or a song. Complete the activities.

> *C'est important de savoir la structure du texte que vous écrivez. La structure inclut les caractéristiques textuelles.*

 Votre but

_____

_____

 Votre auditoire

_____

Votre poème ou chanson

_____

_____

_____

_____

_____

_____

_____

_____

_____

_____

_____

_____

Le(s) style(s) d'écriture :

_____

_____

Cochez chaque caractéristique textuelle lorsque vous l'incluez.

(A) un titre

(B) des couplets

(C) des rimes

(D) l'usage de l'imagerie

ISBN: 978-1-77149-210-2

19

Les règles d'orthographe

Les règles d'orthographe

Il y a des stratégies d'orthographe que vous devriez utiliser pour assurer que votre travail écrit est bien rédigé sans erreurs d'orthographe. **a**

Les stratégies d'orthographe : **b**

1. Utilisez vos ressources

Pour vérifier l'orthographe de nouveaux mots et de nouvelles expressions dans votre travail écrit, utilisez les ressources à votre disposition. Lorsque vous répétez la bonne écriture d'un mot, cela devient une bonne habitude.

Vos ressources :

- *un dictionnaire monolingue et bilingue*
- *un glossaire*
- *un thésaurus*
- *un moteur de recherche en ligne*
- *votre banque de vocabulaire personnelle*

2. Pratiquez à écrire et à prononcer des mots qui ont des accents

Utilisez des schémas d'orthographe et de son qui sont associés aux accents comme une aide lorsque vous écrivez.

L'accent (Le son)	De différentes épellations du son
grave + r (ehr)	*cuill**è**re, terre, air*
aigu (eh)	*th**é**, lait, marcher, assez, bleuet, sommeil, mais*
cédille (ss)	*gar**ç**on, sable*

19.1

ISBN: 978-1-77149-210-2

3. Apprenez à écrire certaines expressions verbales

Il y a des expressions anglaises qui ne se traduisent pas directement en français. Vous devez apprendre des expressions verbales pour ne pas traduire de l'anglais en français tout le temps.

Des expressions verbales avec « faire »	
faire attention	pay attention
faire du camping	go camping
faire la cuisine	do the cooking
faire la vaisselle	do the dishes
faire la lessive	do the laundry
faire les courses	do the groceries
faire du vélo	go bike riding
faire du ski	go skiing

e.g. Let's go on a picnic.

Allons ~~sur~~ *un pique-nique.*

Allons faire un pique-nique. ✔

Remarquez qu'une traduction directe de l'anglais en français peut produire une erreur d'orthographe et de vocabulaire. c

a There are spelling strategies you should use to ensure your written work is well-written and error-free.

b **Spelling Strategies:**

1. To verify the spelling of new words and expressions in your written work, use the resources at your disposal. When you repeat the correct spelling of a word, it becomes a good habit.

2. Practise writing and spelling words with accents. Use spelling sounds and patterns associated with accents to help in your writing.

3. Learn some verbal expressions. There are English expressions that do not translate directly into French. You need to learn verbal expressions to avoid translating English to French all the time.

c Notice how a direct translation can produce a spelling and vocabulary error.

A. Écoutez l'extrait sonore en ligne. Remplissez les tirets avec les bons groupes de lettres qui font les sons « ehr » et « eh ».

Listen to the audio clip online. Fill in the blanks with the correct groups of letters that make the sounds "ehr" and "eh".

19.2

Employez un dictionnaire pour vous assurer que vous avez choisi la bonne orthographe.

1.

| ère |
| air |
| erre |

Annette va f_____e du ski avec son fr_____ cette fin de semaine.

2.

| é |
| er |
| et |

Tu veux march_____ au magasin pour achet_____ des bleu_____s.

3.

| air |
| ère |
| erre |

Mon ami lance une pi_____ dans l'eau quand il fait du camping avec son p_____ .

4.

| ais |
| é |
| ais |

Paul a jou_____ un jeu avec son frère m_____ il ne s'est pas amusé.

5.

| air |
| er |
| ère |

Hi_____ soir, j'ai regardé une émission de télé, mais d'habitude je préf_____ lire des livres.

6.

| ait |
| é |
| er |

François boit du l_____ chaque matin avant de pr_____par_____ pour l'_____cole.

ISBN: 978-1-77149-210-2

B. Remplissez les tirets avec les bonnes lettres qui font le son « ss ».

Fill in the blanks with the letters that make the sound "ss".

19.3

Écoutez les phrases pour vous aider. Utilisez vos ressources si vous en avez besoin.

1. Tu mets du ____ucre dans ton thé chaque matin.

2. Je vais manger de l'e____cargot en France quand je voyage là-bas cet été.

3. Je fais la pêche pour attraper des poi____ons.

4. J'ai rencontré un gar____on hier avec un ____ac à dos rouge.

5. Ma mère nous a dit, « Choisi____ez votre couleur préférée », quand elle nous a acheté des robes.

6. Sophie et Alain apprennent le fran____ais cette année. Ils ____ont enthousiastes.

7. Sarah met un gla____on dans ____on verre d'eau.

8. J'ai attrapé des poi____ons dans le lac pendant la fin de ____emaine.

9. J'ai re____u une lettre de mon amie Ivy aujourd'hui. Je ____uis heureuse.

10. Ma petite ____œur adore faire de la balan____oire au parc.

ISBN: 978-1-77149-210-2

C. Conjuguez le verbe « faire » pour compléter l'expression verbale dans chaque phrase. Ensuite écrivez chaque traduction anglaise.

Conjugate the verb "faire" to complete the verbal expression in each sentence. Then write each English translation.

1. Mes parents _____ les courses chaque samedi soir.

2. Je _____ mes tâches ménagères après l'école pendant la semaine.

3. Vous _____ du vélo ensemble pour rester en forme.

4. Nous _____ du ski chaque hiver parce que c'est très amusant.

5. Elle _____ de la planche à voile au camp d'été.

6. Ils _____ la queue au supermarché.

7. Tu _____ un voyage cet été ?

Conjuguez le verbe « faire » au présent selon le sujet de chaque phrase.

faire	
je	fais
tu	fais
il/elle	fait
nous	faisons
vous	faites
ils/elles	font

My English Translations

1. _____

2. _____

3. _____

4. _____

5. _____

6. _____

7. _____

ISBN: 978-1-77149-210-2

D. Écoutez l'extrait sonore en ligne. Utilisez vos ressources pour corriger les erreurs d'orthographe dans le texte.

Listen to the audio clip online. Use your resources to correct the spelling errors in the text.

Cherchez des mots avec la mauvaise épellation d'un son et des expressions verbales incorrectes. Il y a 9 erreurs dans le texte.

Le mercredi 3 décembre 2020

Cher journal,

Devine ce qui s'est paçé. C'est incroyable ! Je viens de gagner 1,800$! Peux-tu imaginer ? Mille huit cent dollars !

Avec cet argent, je compte faire du magasinage. Je vais certainement acheter des cadeaux pour ma famille et mes amis pour le Noël. Je vais auçi faire du ski.

Bien sûr si je gagne un million dollars, je vais acheter une voiture électrique pour mon père parce que je fais attention à la consommation d'aisnergie. Pour ma mair, je vais embaucher un chef personnel qui peut cuisinet des plats çavoureux et je vais rernover la fassade de notre maison. Mais pour maintenant, je suis contente avec le 1,800$.

Sincairement,

Rorie

ISBN: 978-1-77149-210-2

20

Les phrases simples

Les phrases simples

Dans cette unité, vous allez apprendre comment utiliser des phrases simples pour communiquer de l'information spécifique. **a**

4 *types de phrases simples* **b**

1. Des expressions pour répondre à une invitation

Pour répondre de manière polie à une invitation en français, utilisez un de ces exemples.

Pour confirmer votre présence quand vous l'acceptez :

- *Bien sûr !*
- *Je voudrais…*
- *Génial !*
- *J'aimerais bien…*

Pour exprimer votre regret lorsque vous la refusez :

- *Je regrette, mais je dois…*
- *J'aimerais bien…, mais je dois…*
- *Je suis désolé(e), mais je dois…*

2. Utilisez des mots transitifs

Utilisez des phrases avec des mots transitifs pour bien organiser vos idées.

e.g. *Il est marié à ma sœur.*
__Donc__ il est mon beau frère.

Ils vont au restaurant __puisqu'__ils ont faim.

Je me lève à 7h. __Alors__, je déjeune à 7h30.

Je vais à Montréal. __Pourtant__, je préfère aller à Paris.

__Premièrement__, tranchez le pain. __Ensuite__ mettez du beurre. __Enfin__ mettez du jambon.

ISBN: 978-1-77149-210-2

My Translation Chart

3. Utilisez des pronoms démonstratifs

Utilisez des expressions avec des pronoms démonstratifs pour faire des comparaisons ou pour écrire un dialogue entre des personnages.

Celui-ci/là *(m. s.)*	**ceux-ci/là** *(m. pl.)*
Celle-ci/là *(f. s.)*	**celles-ci/là** *(f. pl.)*
this one/that one	these ones/ those ones

e.g.

Quel stylo veux-tu ? **Celui-ci** *est nouveau tandis que* **celui-là** *est plus confortable à tenir.*

4. Écrivez des phrases de différentes longueurs

Quand il y a plusieurs types de phrases, ceci rend votre texte écrit plus intéressant à lire.

Un texte plat

Il est grand. Il est mince. Il est un garçon.

Un texte intéressant

Dans ma classe, il y a un grand garçon qui est mince. Il s'appelle Éric.

Éric

---

a In this unit, you will learn how to use simple sentences to communicate specific information.

b **4 Types of Simple Sentences**

1. Expressions to respond to an invitation politely in French

   To confirm your attendance:
   - Certainly!
   - I would like to…
   - Perfect!
   - I would love to…

   To express regret at not attending:
   - I regret that I cannot go, but I have to…
   - I would love to…, but I have to…
   - I am sorry, but I have to…

2. Use transitive words to organize your ideas.

3. Use expressions with demonstrative pronouns to make comparisons or to write a dialogue between characters.

4. Write sentences of various lengths. When there are different types of sentences, it makes your text more interesting to read.

ISBN: 978-1-77149-210-2

A. **Lisez l'invitation. Ensuite acceptez l'invitation en utilisant des expressions polies.**

Read the invitation. Then accept the invitation using polite expressions.

L'invitation   L'invitation

Fête d'anniversaire !

Chère Sylvie,

J'ai 12 ans cette année ! Finalement ! Je suis tellement heureuse de t'inviter à ma fête d'anniversaire. Nous allons manger de la pizza et du gâteau, faire du patin à roulettes dehors, et regarder des films. De plus, nous allons faire une soirée pyjama ! Voici l'information :

La date : *Le samedi 24 juin 2018*
Le temps : *16h30*
L'adresse : *101 Rue Duchamp*

N'oubliez pas d'amener ton sac de couchage !

J'attends ta réponse,
Claire

Pensez à vos propres raisons pour accepter l'invitation. Écrivez des phrases de différentes longueurs.

Votre réponse

Chère Claire,

_____

_____

_____

_____

_____

ISBN: 978-1-77149-210-2

B. Lisez l'invitation. Ensuite refusez l'invitation en utilisant des expressions polies.

Read the invitation. Then decline the invitation using polite expressions.

Une invitation

Fête du Nouvel An !

La date : Le dimanche 31 décembre 2019
Le temps : De 18h à 1h
L'adresse : 88 Rue LeMieux
La tenue : Formelle

Venez dîner chez les Astres, jouez aux jeux de société, et faites le compte à rebours de minuit !
N'apportez surtout pas de cadeaux à l'exception du jus à partager !
Veuillez confirmer votre présence par courriel : LesAstres@pop.com

Pensez à une ou plusieurs raisons créatives pourquoi vous ne pouvez pas aller à la fête.

Votre réponse

À :	LesAstres@pop.com	
De :		
Sujet :	La fête du Nouvel An	

Envoyer

M. et Mme Astre,

_____

_____

_____

_____

Sincèrement,

_____

ISBN: 978-1-77149-210-2

C. Parlez-moi de vous-même ! Répondez aux questions à propos de vous-même en utilisant des mots transitifs pour bien organiser vos idées.

Tell me about yourself. Answer the questions about yourself using the transitive words to organize your ideas.

Expliquez les raisons pour vos réponses en utilisant les mots transitifs. Par exemple, je veux rester en forme, donc je joue au soccer.

Les mots transitifs

donc   puisque
premièrement   alors
pourtant   ensuite
enfin

1. Qui est ton idole ? Explique tes raisons.

   _____

   _____

2. Où veux-tu aller en vacances ? Explique tes raisons.

   _____

   _____

3. Quand rentres-tu chez toi tous les jours ? Explique tes raisons.

   _____

   _____

4. Quelle est ta recette favorie ? Décris les étapes à suivre dans la recette.

   Ma recette

   _____

   _____

   _____

   _____

   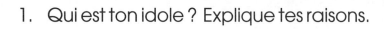

1. Who is your idol? Explain your reasons.

2. Where do you want to go on vacation? Explain your reasons.

3. When do you get home every day? Explain your reasons.

4. What is your favourite recipe? Describe the steps to follow in the recipe.

ISBN: 978-1-77149-210-2

D. Remplissez les tirets avec des pronoms démonstratifs pour compléter les comparaisons des objets.

Fill in the blanks with demonstrative pronouns to complete the comparisons of the objects.

> *Déterminez le genre et le nombre de chaque objet pour assurer que vous avez choisi le bon pronom démonstratif.*

celui-ci/là (m. s.)

celle-ci/là (f. s.)

ceux-ci/là (m. pl.)

celles-ci/là (f. pl.)

A Je décide quelles fleurs je vais acheter. _____-____ sont petites et roses pendant que _____-____ sont grandes et violettes.

B Quelle saveur de crème glacée préfères-tu ? _____-____ est très sucrée mais _____-____ a beaucoup de saveur.

C Quel livre veux-tu lire ce soir ? _____-____ est un mystère pendant que _____-____ est très comique.

D Quels légumes devrais-je manger avec mon dîner ce soir? _____-____ sont verts et _____-____ sont oranges.

21

Le processus d'écriture

Le processus d'écriture

C'est important de suivre un processus quand vous écrivez des textes en français. Ça va vous aider à écrire clairement et sans erreur.

4 *étapes à suivre*

1. **Créez, enrichissez, et organisez le contenu**

   Identifiez votre but, auditoire, style, et forme. Pour faire cela,

   - *développez vos idées dans un organisateur graphique.*

   - *prenez des notes à propos d'un sujet qui vous intéresse.*

   - *faites un remue-méninges pour activer vos connaissances antérieures du sujet.*

   - *identifiez le vocabulaire approprié avec votre banque de mots.*

   - *développez les idées principales en répondant aux questions : Qui ? Quoi ? Où ? Quand ? Comment ? Pourquoi ?*

2. **Écrivez et révisez le brouillon initial**

   - *Révisez le brouillon avec une liste de contrôle.*

   - *Partagez votre travail avec un groupe et invitez du feedback constructif.*

   - *Utilisez vos ressources pour enrichir et améliorer votre vocabulaire.*

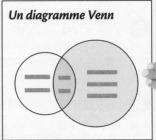

Exemples d'organisateurs graphiques :

Un remue-méninges

Un tableau chronologique

Un tableau à deux colonnes

Un diagramme Venn

ISBN: 978-1-77149-210-2

My Translation Chart

3. Soignez l'apparence du produit final

- *Faites des améliorations pour produire un travail soigné.*

- *Changez quelques éléments de la police de caractères : la taille, le style, et la couleur.*

- *Ajoutez des sous-titres et des images.*

- *Imprimez et soumettez votre travail à votre auditoire choisi.*

Les monstres

Dans les bois

4. Réfléchissez à vos stratégies d'écriture

- *Discutez à propos des stratégies avantageuses avec un ami.*

- *Identifiez vos forces et vos faiblesses comme écrivain(e).*

- *Déterminez quel organisateur graphique était le plus utile.*

- *Évaluez l'efficacité du feedback venant d'un partenaire.*

- *Décidez quelles stratégies étaient les plus efficaces et pourquoi.*

Je trouve que le remue-méninges était le plus efficace.

The Writing Process

1. Create, Enrich, and Organize Content

- Brainstorm and take notes about a topic.
- Organize your ideas in a graphic organizer.
- Develop your ideas. Answer the questions: Who? What? Where? When? How? Why?

2. Write and Edit the First Draft

- Revise your draft using an editing checklist.
- Share your work with a group and welcome constructive feedback.

3. Perfect the Appearance of Your Final Copy

- Change font elements: the size, style, and colour.
- Add subtitles and pictures.

4. Reflect on Your Writing Strategies

- Discuss beneficial strategies.
- Identify your strengths and weaknesses as a writer.
- Determine which graphic organizer was useful.
- Evaluate the effectiveness of peer feedback.
- Decide which strategies were the most useful.

ISBN: 978-1-77149-210-2

A. Planifiez votre texte. Remplissez le remue-méninges pour développer et organiser vos idées.

Plan your text. Brainstorm to develop and organize your ideas.

une invitation
une nouvelle   un courriel
un journal intime
une carte de souhaits

Qui ?

Quoi ?

Où ?

La forme :

Le(s) style(s) :

L'auditoire :

Quand ?

Pourquoi ?

Comment ?

ISBN: 978-1-77149-210-2

B. Écrivez votre brouillon initial. Ensuite utilisez la liste de contrôle pour faire la rédaction.

Write your first draft. Then use the editing checklist to do the editing.

Le titre : _____

_____

_____

_____

_____

_____

_____

_____

_____

_____

_____

_____

N'oubliez pas d'avoir un pair lire votre texte pour vous donner du feedback constructif.

La liste de contrôle pour la rédaction

Les points à réviser	J'ai vérifié ce point.
La conjugaison des verbes	
Le genre et le nombre des articles	
Le genre et le nombre des adjectifs	
L'ajout des connecteurs de logique ou de temps	
Les phrases sont variées (simples et complexes)	
La ponctuation, la capitalisation, et l'orthographe	

ISBN: 978-1-77149-210-2

C. Écrivez la bonne copie de votre texte. Soignez l'apparence du produit final.

Write the final copy of your text. Perfect the appearance of the final product.

Ajoutez des sous-titres et des images et changez la taille et la couleur de la police de caractères quand c'est approprié.

La bonne copie

Le titre : _____

_____

_____

_____

_____

_____

_____

_____

_____

_____

_____

_____

_____

_____

_____

_____

_____

Comment est-ce que l'usage de la couleur et des images enrichit le produit final ?

_____

_____

ISBN: 978-1-77149-210-2

D. Réfléchissez aux stratégies d'écriture. Répondez aux questions de réflexion.

Reflect on the writing strategies. Answer the reflection questions.

1. Comment est-ce que l'organisateur graphique vous a aidé à développer le contenu de votre texte ?

_____

_____

2. Comment est-ce que la liste de contrôle pour la rédaction et le feedback vous ont aidé à réviser votre texte ?

_____

_____

3. Comment est-ce que l'emphase sur l'apparence de votre produit final vous a aidé à communiquer votre message ?

_____

_____

4. Quelles stratégies pensez-vous sont les plus efficaces ?

_____

_____

5.
Comment est-ce que vous pouvez améliorer votre écriture ?

_____

_____

1. How did the graphic organizer help you develop the content of your text?

2. How did the editing checklist and feedback help you revise your text?

3. How did emphasizing the appearance of your final product help you communicate your message?

4. Which strategies do you think are the most useful?

5. How can you improve your writing?

La révision 4 :
L'écriture

La révision

- Le but et l'auditoire d'un texte
- La forme et le style
- Les règles d'orthographe
- Les phrases simples
- Le processus d'écriture

Le but et l'auditoire d'un texte

A. Lisez la description de chaque texte. Ensuite encerclez le but et écrivez l'auditoire.

A Ali va écrire un article à propos des tigres pour informer sa classe à propos d'eux dans une présentation.

B Jason veut décrire son voyage à son ami dans une carte postale.

C Mabel veut écrire une histoire fictive qu'elle va lire à sa sœur.

D Matilde veut souhaiter bon anniversaire à sa mère dans une carte d'anniversaire.

E Dominique veut inviter ses camarades de classe à sa fête.

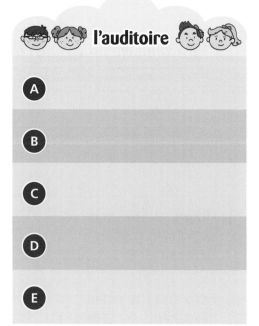

l'auditoire

A

B

C

D

E

ISBN: 978-1-77149-210-2

La forme et le style

B. Pratiquez à écrire une carte postale. Complétez les activités.

La forme : une carte postale

Votre but : _____

Votre auditoire : _____

Votre carte postale

CANADA

_____

_____

_____

_____

Le(s) style(s) d'écriture :

_____

Cochez chaque caractéristique lorsque vous l'incluez.

A la date

B la formule de politesse

C la salutation

D la signature

E le message

F l'adresse du/de la destinataire

ISBN: 978-1-77149-210-2

Les règles d'orthographe

C. Écoutez l'extrait sonore en ligne. Remplissez les tirets avec les bons groupes de lettres qui font le son « ehr » ou « eh ».

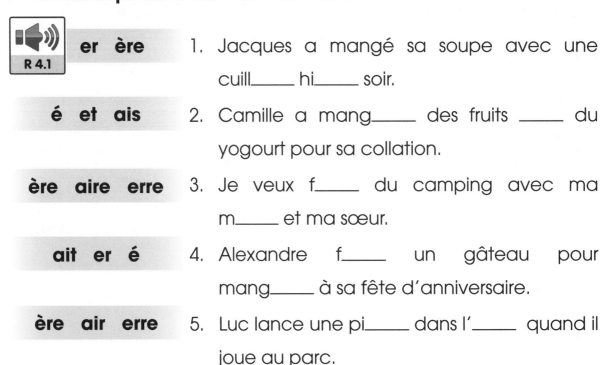

R 4.1

er   ère

1. Jacques a mangé sa soupe avec une cuill____ hi____ soir.

é   et   ais

2. Camille a mang____ des fruits ____ du yogourt pour sa collation.

ère   aire   erre

3. Je veux f____ du camping avec ma m____ et ma sœur.

ait   er   é

4. Alexandre f____ un gâteau pour mang____ à sa fête d'anniversaire.

ère   air   erre

5. Luc lance une pi____ dans l'____ quand il joue au parc.

D. Écoutez l'extrait sonore en ligne. Remplissez les tirets avec les bonnes lettres qui font le son « ss ».

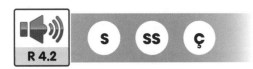

R 4.2   **s**   **ss**   **ç**

1. Marc est un gar____on courageux. ____a ____œur est courageuse au____i.

2. Je vais donner une ____urprise à mon frère pour ____on anniver____aire.

3. Vous choisi____ez une couleur pour votre chambre.

4. Je pen____e que je vais jouer au ____occer. ____a va être amusant.

5. Ma ____aison favorite est l'hiver. J'aime les boi____ons chaudes comme le chocolat chaud.

ISBN: 978-1-77149-210-2

E. Conjuguez le verbe « faire » pour compléter l'expression verbale dans chaque phrase. Ensuite écrivez la traduction anglaise.

1. Lucinda et Maribelle _____ du camping ensemble cet été.

   In English _____
   _____

faire
je fais
tu fais
il/elle fait
nous faisons
vous faites
ils/elles font

2. Tu _____ un pique-nique avec ta famille ce dimanche.

   In English _____
   _____

3. Ma mère et moi _____ les courses d'épicerie samedi matin.

   In English _____
   _____

4. Je _____ la pêche avec mon père et mon frère.

   In English _____
   _____

5. Claude _____ la vaisselle chaque soir pour aider sa mère.

   In English _____
   _____

6. Marie et toi _____ du ski cette fin de semaine.

   In English _____
   _____

ISBN: 978-1-77149-210-2

Les phrases simples

Les mots transitifs

donc
puisque
premièrement
alors
pourtant
ensuite
enfin

F. Répondez aux questions à propos de vous-même en utilisant des mots transitifs pour organiser vos idées.

1. Quel est ton sujet favori à l'école? Explique tes raisons.

   _____

   _____

2. Quelle est ton activité préférée ? Explique comment faire cette activité en décrivant les étapes à suivre.

   _____

   _____

Le processus d'écriture

G. Planifiez votre texte. Remplissez le remue-méninges pour développer et organiser vos idées.

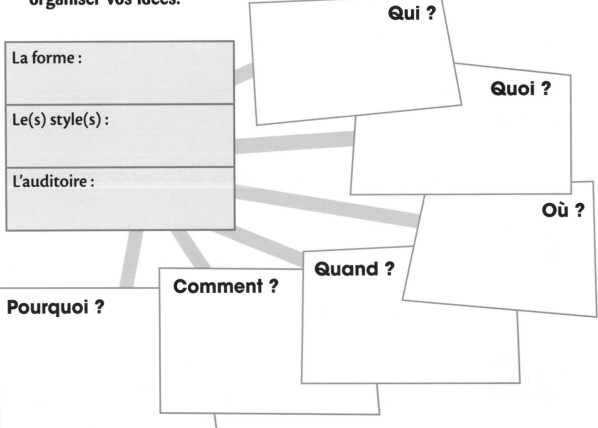

La forme :

Le(s) style(s) :

L'auditoire :

Qui ?

Quoi ?

Où ?

Quand ?

Comment ?

Pourquoi ?

ISBN: 978-1-77149-210-2

H. Écrivez votre brouillon initial. Ensuite utilisez la liste de contrôle pour faire la rédaction.

Mon texte

Le titre : _____

_____

_____

_____

_____

_____

_____

_____

_____

_____

La liste de contrôle pour la rédaction

Les points à réviser	J'ai vérifié ce point.
La conjugaison des verbes	
Le genre et le nombre des articles	
Le genre et le nombre des adjectifs	
L'ajout des connecteurs de logique ou de temps	
Les phrases sont variées (simples et complexes)	
La ponctuation, la capitalisation, et l'orthographe	

ISBN: 978-1-77149-210-2

ISBN: 978-1-77149-210-2

Le français en pratique
French in Practice

It is time to put the French you have learned into practice! In this section, you will practise the grammatical concepts you have learned, and continue to develop and apply your listening, speaking, reading, and writing skills. You will listen to and read texts and complete activities to test your French skills while having fun at the same time.

Pratique 1 : **Un journal intime**

A. Regardez la couverture du livre de Maribelle. Répondez aux questions avant la lecture.

Look at the cover of Maribelle's book. Answer the before-reading questions.

1. Quelle est la forme du texte ?

   _____

2. Quel est le but typique de cette forme de texte ?

   _____

3. Que pensez-vous sont les styles du texte ?

   _____

4. Quel pays est-ce que le drapeau représente ?

   _____

5. Est-ce que ce pays a une communauté française ?

   Oui / Non

6. Faites trois prédictions à propos du contenu du texte.

   • Je prédis que/qu'_____

   • _____

   • _____

---

1. What is the text form?
2. What is the typical purpose of this text form?
3. What do you think are the text styles?
4. Which country does the flag represent?
5. Does this country have a French community?
6. Make three predictions about the text's content.

ISBN: 978-1-77149-210-2

B. Lisez l'entrée du journal intime de Maribelle. Répondez aux questions pendant la lecture.

Read Maribelle's diary entry. Answer the while-reading questions.

Le 10 mai 2018

Cher journal,

Aujourd'hui, j'ai lu qu'un troisième enfant a été attaqué par un scorpion à Matoury ! Je me sens triste parce que les médias internationaux montrent mon pays comme un endroit trop dangereux pour le visiter. Oui, j'avoue qu'il y a de nombreuses bestioles comme des serpents, des fourmis, et des araignées. Cependant, j'habite à Cayenne et la vie guyanaise en fait est très paisible.

Par exemple, aujourd'hui ma mère m'a préparé un bon plat fait avec des ingrédients guyanais comme le manioc, des poissons boucanés, et du poulet boucané. C'était très délicieux !

À titre d'information, le manioc est un type de racine mangeable qui est similaire aux patates. Évidemment, il faut les cuire avant de les manger parce que sinon ils contiennent un haut niveau de toxicité. Mais je te jure que le goût est merveilleux quand il est bien préparé comme ma mère le fait.

À demain,
Maribelle

> Utilisez les indices picturaux et mettez les nouveaux mots en contexte pour déterminer leur sens.

1. Pourquoi est-ce que Maribelle se sent triste aujourd'hui ?

_____

_____

2. Comment est-ce que Maribelle trouve la vie guyanaise ?

_____

ISBN: 978-1-77149-210-2

C. Lisez encore l'entrée du journal intime de Maribelle. Répondez aux questions après la lecture.

Read Maribelle's diary entry again. Answer the after-reading questions.

N'oubliez pas de lire mon journal intime plusieurs fois pour mieux le comprendre.

1. Quel est le message explicite que Maribelle a lu dans le journal international ?

   _____

2. Qu'est-ce que Maribelle pense est le message implicite dans le journal ? Pourquoi est-ce qu'elle pense cela ?

   _____

   _____

3. Quel exemple est-ce que Maribelle utilise pour démontrer que son pays est paisible ?

   _____

4. Comment est-ce que cet exemple oppose l'opinion du journal que la Guyane est un pays trop dangereuse ?

   _____

   _____

1. What is the explicit message Maribelle read in the international newspaper?

2. What does Maribelle think is the implicit message in the newspaper? Why does she think this?

3. What example does Maribelle use to show that her country is peaceful?

4. How does this example oppose the opinion of the newspaper that Guyana is too dangerous?

ISBN: 978-1-77149-210-2

D. **Lisez encore l'entrée du journal intime de Maribelle. Ensuite remplissez la carte heuristique.**

Read Maribelle's diary entry again. Then fill in the mind map.

> *Comparez votre pays avec le mien. Cherchez en ligne plus d'information à propos de la Guyane.*

	Le pays de Maribelle – la Guyane	Votre pays – le Canada	Les points – en commun
La géographie			
Les bestioles			
La cuisine			

ISBN: 978-1-77149-210-2

E. **Utilisez la carte heuristique à la page précédente pour écrire un texte. Ensuite faites la rédaction de votre texte.**

Use the mind map on the previous page to write a text. Then edit your text.

Le titre : _____

En ce qui concerne la géographie, _____

_____

_____

_____

Par rapport aux bestioles,

_____

_____

_____

Enfin, en concernant la cuisine, _____

_____

_____

_____

Écrivez un texte qui compare les différences et identifie les similarités entre votre pays et celui de Maribelle. Utilisez la liste de contrôle pour faire la rédaction.

La liste de contrôle

La conjugaison des verbes ⟳

Le genre et le nombre des articles ⟳

Le genre et le nombre des adjectifs ⟳

L'ajout des connecteurs de logique ou de temps ⟳

Les phrases sont variées (simples et complexes) ⟳

La ponctuation, la capitalisation, et l'orthographe ⟳

Le feedback de mon ami ou de mon enseignant(e) :

_____

_____

_____

_____

_____

_____

ISBN: 978-1-77149-210-2

F. Écrivez la bonne copie de votre texte. Soignez l'apparence du produit final. Ensuite répondez à la question.

Write the final copy of your text. Perfect the appearance of the final product. Then answer the question.

_____

_____

_____

_____

_____

_____

_____

_____

_____

_____

Ajoutez des images et des légendes ou changez la police des caractères du texte.

Quelle est votre opinion de l'entrée du journal intime de Maribelle ?

_____

_____

Pratique 2 : Un conte populaire

A. Lisez la description et regardez l'image. Ensuite répondez aux questions.

Read the description and look at the cover. Then answer the questions.

Le Rougarou

Le Rougarou est une créature légendaire dans des communautés francophones. Il est similaire au loup garou, et il est particulièrement populaire dans la communauté francophone en Louisiane. Le Rougarou est une créature dans plusieurs contes populaires qui sont utilisés pour persuader les enfants à agir sagement.

1. Écrivez « conte populaire » en anglais.

    _____

2. Écrivez « loup garou » en anglais.

    _____

3. Quelles communautés utilisent le Rougarou dans des contes populaires ?

    _____

4. Faites trois prédictions du contenu du texte en se basant sur l'information que vous avez.

    • _____

    • _____

    • _____

ISBN: 978-1-77149-210-2

B. Lisez la première partie du conte populaire. Ensuite répondez aux questions pendant la lecture.

Read the first part of the folktale. Then answer the while-reading questions.

Utilisez des indices et des images pour aider votre compréhension.

Le Rougarou de Louisiane

Il était une fois une petite fille qui s'appelait Acadia Cormier. Elle était reconnue comme la fille la plus maline de la Louisiane. Elle trichait pendant ses examens, elle volait et mangeait des biscuits avant le dîner, et elle se moquait de ses camarades de classe. Acadia était la pire fille !

Un jour, il y avait un nouvel étudiant qui s'appelait André dans sa classe. « Komen to yê ? »*, André a demandé à Acadia bien poli. « Va t'en ! Je ne t'aime pas ! », lui a répondu Acadia. « Puisque tu n'es pas gentille, le Rougarou va t'attraper ! », André a répliqué à Acadia de manière triste.

*"Komen to yê ?" is a Cajun expression meaning "Comment vas-tu ?"/"How are you?".

1. Qui est le personnage principal ?

   _____

2. Comment décrivez-vous cette fille ? Utilisez des adjectifs.

   _____

   _____

3. Où se passe-t-il le conte populaire ?

   _____

4. Pourquoi est-ce qu'André pense que le Rougarou va attraper Acadia ?

   _____

ISBN: 978-1-77149-210-2

C. Lisez la prochaine partie du conte populaire. Ensuite répondez aux questions.

Read the next part of the folktale. Then answer the questions.

Asteure, tous les Cajuns icitte en Louisiane connaissent le Rougarou. C'est un monstre énorme, moitié loup, moitié humain. Il se transforme pendant la nuit et il attrape un enfant qui ne se comporte pas sagement avant de devenir encore humain.

« Tu blagues ! », Acadia a crié.

Acadia est entrée chez elle puis elle a cherché une solution. Dans un vieux livre de sa grand-mère, elle a trouvé les mots suivants :

1. Le mot « asteure » est une expression qui s'utilise en Louisiane et au Québec. Devinez le sens selon le contexte et confirmer par chercher en ligne.

   Ma supposition : _____

   La définition : _____

2. Le mot « icitte » est une expression Louisianaise. Quel mot français est-ce qu'il ressemble ? _____

3. Comment est-ce que vous pensez qu'Acadia se sent ?

   _____

4. Qu'est-ce que vous pensez qu'Acadia va trouver dans le vieux livre ?

   _____

   _____

ISBN: 978-1-77149-210-2

D. Lisez la page trouvée dans le vieux livre. Ensuite répondez aux questions.

Read the page found in the old book. Then answer the questions.

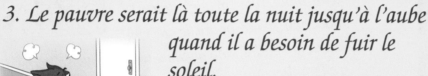

Le Rougarou

Comment l'échapper :

1. Placez 13 petits objets près de votre porte.

2. Le Rougarou ne peut pas compter après 12.

3. Le pauvre serait là toute la nuit jusqu'à l'aube quand il a besoin de fuir le soleil.

4. Vous avez échappé au Rougarou cette fois.

1. De quelle forme textuelle s'agit cette page ? _____

2. Quelles sont les caractéristiques textuelles de cette forme ?

   _____

   _____

3. Quel est le style d'écriture ? _____

4. Comment savez-vous cela ?

   _____

   _____

5. Quels sont les styles du reste du conte populaire ?

   _____

Pratique 2 Un conte populaire

E. **Lisez la prochaine partie du conte populaire. Listez les 13 objets. Ensuite dessinez des lignes pour relier les objets avec leurs traductions anglaises.**

Read the next part of the folktale. List the 13 items. Then draw lines to match the items with their English translations.

La petite méchante Acadia a eu un sourire maléfique.

« Comme c'est facile de se protéger contre le Rougarou ! », elle s'est dite.

Asteure, elle a cherché 13 petits objets différents. Comptons parmi ces objets-ci les choses suivantes : un sou noir, le brin d'un balai, une carte d'affaire, le bouchon d'une bouteille de vin, un dé à coudre, une aiguille, une mauvaise herbe, un caillou, la coquille d'un escargot, un os, une boule de papier, les arêtes d'un poisson, et une mouche morte.

13 petits objets

_____ •

_____ •

_____ •

_____ •

_____ •

_____ •

_____ •

_____ •

_____ •

_____ •

_____ •

_____ •

_____ •

English Translations

- • a thimble
- • a needle
- • a penny
- • the straw from a broom
- • a business card
- • a wine cork
- • a ball of paper
- • fishbones
- • a dead fly
- • a weed
- • a pebble
- • the shell from a snail
- • a bone

ISBN: 978-1-77149-210-2

F. Lisez la fin du conte populaire. Répondez aux questions.

Read the end of the folktale. Answer the questions.

> La méchante Acadia s'est endormie paisiblement, bien contente qu'elle va s'échapper au Rougarou.
>
> Cependant, elle n'a pas su qu'il y avait un escargot qui habitait dans cette coquille là qu'elle a mise près de sa porte. L'escargot s'est réveillé et il s'est promené lentement. Par conséquent, sans un treizième objet, le Rougarou est venu attraper Acadia lorsqu'elle dormait. Il l'a apportée à son château dans les bois noirs.
>
> *La fin*

1. Quel est le but du conte populaire ?

   _____

2. Qui pensez-vous est l'auditoire du conte populaire ?

   _____

3. Quelle est la morale ?

   _____

4. Pensez-vous que la fin est juste ? Pourquoi ?

   _____

5. Créez une fin alternative.

   _____

   _____

   _____

Pratique 3 : **Une biographie**

A. Avant d'écouter la biographie, analysez la couverture et répondez aux questions.

Before listening to the biography, analyze the cover and answer the questions.

1. D'habitude, quels sont les styles d'écriture de cette forme ?

   _____

2. Qui est la personne discutée dans le texte ?

   _____

3. Que pensez-vous qu'il fait ?

   _____

4. Quelles sont les caractéristiques de cette forme de texte ?

   _____

5. Quel est le but typique de cette forme textuelle ?

   _____

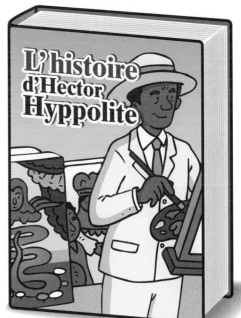

6. Qui pensez-vous est l'auditoire visé ?

   _____

7 *Faites trois prédictions à propos du contenu du texte.*

a. _____

b. _____

c. _____

176

ISBN: 978-1-77149-210-2

B. Écoutez et lisez le début de la biographie et faites les exercices pendant l'écoute.

Listen to and read the first part of the biography and complete the while-listening exercises.

P 3.1

L'histoire d'Hector Hyppolite

Hector Hyppolite était un homme unique à son époque. Il est né en 1894 à St. Marc, Haïti, et il était un houngan (un prêtre vaudou). Il aimait peindre et il utilisait une brosse faite avec des plumes de poulet. En 1945, Philippe Thoby-Marcelin a reconnu le talent d'Hector et l'a invité à Port-au-Prince pour peindre dans un studio.

1. *Quel style d'écriture est présent au début de la biographie ? Comment le savez-vous ?*

_____

_____

2. Répondez aux questions à propos du lieu dans le texte.

   a. Où sont les villes de résidence d'Hector ?

   _____

   b. Quel est le nom de son pays ?

   _____

   c. Quelle est la capitale de ce pays ? Dessinez une étoile sur la carte pour la représenter.

   _____

C

★ : la capitale

C. Écoutez la prochaine partie de la biographie et faites les exercices pendant l'écoute.

Listen to the next part of the biography and complete the while-listening exercises.

P 3.2

Hector a reconnu un intérêt dans le vaudou chez les collecteurs des œuvres d'art. Alors il a inclus beaucoup de fleurs dans ses œuvres parce qu'elles pouvaient représenter des attributs des divinités dans le symbolisme vaudou.

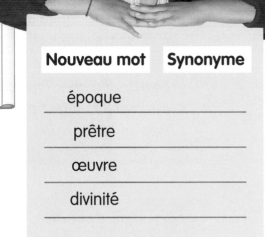

Nouveau mot	Synonyme
époque	
prêtre	
œuvre	
divinité	

1. Prenez des notes des mots de vocabulaire qui vous sont nouveaux. Cherchez un synonyme de chacun dans un thésaurus.

2. Posez deux questions que vous avez après avoir lu cette partie de la biographie.

    • _____

    • _____

3. Qu'est-ce qu'Hector a reconnu chez les collecteurs des œuvres d'art ?

    _____

4. Est-ce que les œuvres d'art d'Hector vous semblent intéressantes ? Pourquoi ?

    _____

    _____

ISBN: 978-1-77149-210-2

D. Écoutez la prochaine partie de la biographie et répondez aux questions.

Listen to the next part of the biography and answer the questions.

C'est important de noter qu'Hector n'était pas formé dans l'art, mais il est de toute façon une légende. Il a peint principalement des scènes vaudou parce que son travail était surtout influencé par sa carrière comme un prêtre vaudou. En Haïti, de 1945 à 1948, il a peint environ 250 à 600 peintures. Hector Hyppolite est mort en 1948 quand il avait seulement environ 54 ans à Port-au-Prince. Ses peintures sont encore célébrées, et il est connu comme un peintre prolifique.

1. Est-ce que vos prédictions sont correctes ? **Oui / Non**

2. Écrivez 250, 600, et 1948 en mots.

   a. _____

   b. _____

   c. _____

3. Quels types de scènes est-ce qu'Hector a peint ? Pourquoi ?

   _____

   _____

4. Pourquoi est-il connu comme un peintre prolifique ? Écrivez toutes les raisons.

   _____

   _____

E. Écrivez une autobiographie à propos de vous-même. Remplissez le remue-méninges pour générer des idées.

Write an autobiography about yourself. Brainstorm to generate your ideas.

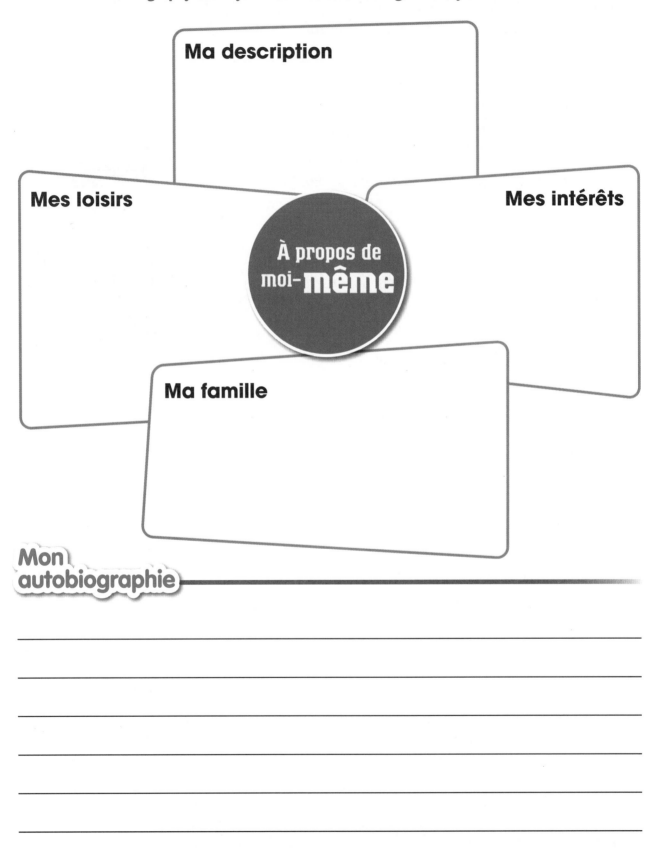

Ma description

Mes loisirs

Mes intérêts

À propos de moi-**même**

Ma famille

Mon autobiographie

_____

_____

_____

_____

_____

_____

ISBN: 978-1-77149-210-2

F. **Faites la rédaction de votre autobiographie. Ensuite écrivez la bonne copie.**

Edit your autobiography. Then write the good copy.

Utilisez la liste de contrôle pour faire la rédaction. Soignez l'apparence de votre texte. Ajoutez des images et des sous-titres et changez la police de caractères.

Les points à réviser	Je l'ai vérifié.
La conjugaison des verbes	◯
Le genre et le nombre des articles	◯
Le genre et le nombre des adjectifs	◯
L'ajout des connecteurs de logique ou de temps	◯
Les phrases sont variées (simples et complexes)	◯
La ponctuation, la capitalisation, et l'orthographe	◯

Mon autobiographie

L'histoire de/d' _____

_____

_____

_____

_____

_____

_____

_____

_____

_____

ISBN: 978-1-77149-210-2

ISBN: 978-1-77149-210-2

Réponses

Answers

Section I

1 Les adjectifs possessifs et démonstratifs

A. 1. votre 2. votre 3. notre
4. leur 5. notre ; notre 6. leur
7. notre 8. leur 9. votre

B. 1. leurs 2. vos 3. leurs
4. vos 5. leurs 6. leurs
7. vos 8. nos 9. vos
10. nos ; nos

C. 1. cet 2. ce 3. ce
4. cette 5. cette 6. ces ; ce
7. cette 8. cette 9. ces
10. Ce

D. 1. ✗ ; ces 2. ✔ 3. ✗ ; cette
4. ✔ 5. ✗ ; ce 6. ✔
7. ✗ ; ce 8. ✔ 9. ✗ ; cette
10. ✗ ; ce 11. ✗ ; ces 12. ✗ ; cette

2 Les adjectifs irréguliers

A. 1. bon ; bonne   gros ; grosses
gentil ; gentils   bas ; basses
fraîche ; fraîches   inquiet ; inquiète
fiers ; fières   heureux ; heureuses
2. bas 3. fraîche 4. bonnes
5. heureuses 6. grosse

B. 1. italienne 2. bonne 3. doux
4. vieille 5. nouveau 6. frais
7. délicieux 8. cher
9. dernière

C. 1. belle 2. doux 3. fous
4. bon 5. nouvelle 6. fol
7. nouvel 8. vieux

D. 1. nouvelles 2. nouvel
3. heureuse 4. novateur
5. grandes 6. bon
7. fière 8. vieille
9. bonnes 10. fou
11. Gros

3 Les verbes irréguliers

A. Partir au présent :
pars ; pars ; part ; partons ; partez ; partent
1. partent 2. part 3. pars
4. pars 5. partez 6. part
7. partons 8. partez 9. pars
10. part 11. partent 12. pars
13. partent

B. Sortir au présent :
sors ; sors ; sort ; sortons ; sortez ; sortent
1. sors 2. sort 3. sortons
4. sortent 5. sortez 6. sors
7. sort 8. sortent 9. sors
10. sortons 11. sortez
12. a. sortez   b. sors

C. 1. lis 2. courons 3. fais
4. tient 5. venez 6. voit
7. dit 8. as 9. buvez
10. vont 11. connais 12. sais
13. peut 14. sont 15. faut

D. A. peux B. devons C. voulez
D. dois E. peuvent F. veut
G. pouvons H. dois I. veut
J. veux

4 Les verbes au futur proche

A. 1. allons 2. vont 3. va
4. vais 5. va 6. vas
7. va 8. vont 9. allez
10. vont 11. allons 12. vont
13. vont 14. va

B. (Circle these words.)
① Préchauffer
② Faire ; Couper ; cuire
③ Préparer
④ verser ; Ajouter
1. le four à 375ºF.
2. Je vais faire des frites. Je vais couper les pommes de terre et je vais les cuire au four pour 45 minutes.
3. Je vais préparer la sauce brune en suivant le mode de cuisson sur le paquet.
4. Sur une assiette, je vais verser la sauce brune sur les frites. Je vais ajouter le fromage sur la sauce.
5. vais manger la poutine.

C. (Individual answers)

D. (Suggested answers)
1. Je vais manger de la pizza.
2. Tu vas parler à ton ami.
3. Il va voir une pièce de théâtre.
4. Elle va apprendre le français.
5. Nous allons faire un gâteau ensemble.
6. Vous allez jouer au baseball.
7. Ils vont regarder la télévision.
8. Elles vont boire du jus d'orange.
9. Je vais aller au musée.
10. Il va cuire du poulet.
11. Tu vas écouter la radio dans ta voiture.
12. Elle va lire une histoire ce soir.

5 Les verbes à l'impératif

A. Tu : A ; C ; H ; L ; M ; N
Nous : B ; F ; G ; J
Vous : D ; E ; I ; K ; O

B.
1. Mange	2. touchez	3. cours
4. Ayons	5. Soyez	6. joue
7. Sache	8. Veuillez	
9. pleurons	10. Apprenons	11. Faites

C. A. Ne jette pas les spaghettis !
B. Ne tire pas aux cheveux !
C. Ne cours pas !
D. Ne macule pas le tapis !
E. Ne crie pas !

D. (Suggested answers)
Affirmative
marcher : Marchons à l'école !
lire : Lis ton livre.
agir : Agissez sagement.
vouloir : Veuillons nous sortir.
apprendre : Apprenez le français !
avoir : Aie de la compassion.
Négative
sauter : Ne saute pas dans la flaque d'eau.
regarder : Ne regardez pas dehors.
tomber : Ne tombe pas de l'arbre !
être : Ne soyons pas tristes !
perdre : Ne perds pas tes clés.

6 Les contractions

A.
1. au	2. au	3. au
4. aux	5. aux	6. aux
7. au		

B.
1. du	2. du	3. des
4. des	5. du	6. du
7. du		

C.
1. des ; des	2. au	3. du
4. au	5. du	6. au
7. au	8. aux	9. des
10. aux ; aux		

D.
A: 1. AP	2. AP	3. AP	4. AP
B: 1. C	2. AP	3. AP	4. AP
C: 1. C	2. AP	3. C	4. C
D: 1. C	2. AP	3. AP	4. AP

7 Les questions

A.
1. Vas-tu	2. Regardez-vous
3. Sortez-vous	4. achètes-tu
5. Bois-tu	6. arrivent-ils
7. Vais-je ; Vas-tu	

B. 1. A: Marc et Tomas écoutent-ils
B: Marc et Tomas n'écoutent-ils pas
2. A: Cynthia va-t-elle en vacances au Maroc cet été ?
B: Cynthia ne va-t-elle pas en vacances au Maroc cet été ?
3. A: Louise mange-t-elle de la nourriture saine ?
B: Louise ne mange-t-elle pas de la nourriture saine ?

C. 1. A: Marie et toi voulez-vous regarder
B: Marie et toi ne voulez-vous pas regarder
2. A: Peux-tu acheter du maïs soufflé ?
B: Ne peux-tu pas acheter du maïs soufflé ?
3. A: Ricardo et Léon doivent-ils travailler vendredi ?
B: Ricardo et Léon ne doivent-ils pas travailler vendredi ?
4. A: Le critique peut-il écrire une critique du livre ?
B: Le critique ne peut-il pas écrire une critique du livre ?

D. 1. Vas-tu déménager
2. Va-t-elle faire
3. Vont-ils ; écouter
4. Allez-vous

La révision 1

A.
1. notre	2. leurs	3. vos
4. votre	5. leurs	6. leurs
7. nos	8. leur	

B.
1. cette	2. ce	3. ce
4. ce	5. cette	6. ces
7. Ce	8. cette	9. ce
10. cette	11. ce	12. ces
13. ces	14. ce	

C. 1. beaux ; belles
blancs ; blanche
merveilleux ; merveilleuse ; merveilleuses
heureux ; heureux ; heureuses
bons ; bonne ; bonnes
spécial ; spéciale ; spéciales
nouvelle ; nouvelles

2. heureux	3. spéciales
4. belles	5. nouvelle
6. merveilleuse	7. blancs
8. Bon	

D.
1. bois	2. conduit	3. assieds
4. ouvrons	5. recevez	6. sais
7. suis	8. vient	9. vit
10. écris	11. tient	12. faisons
13. devons	14. dis	15. vas

E.
1. allons	2. allez	3. va
4. va	5. vas	6. allons

ISBN: 978-1-77149-210-2

F. 1. courons   2. Mange   3. Écoutez
    4. aie   5. Chantons 6. Soyez
    7. Aide   8. parlez

G. 1. au   2. au   3. au
    4. des   5. du   6. des

H. 1. Puis-je   2. Joues-tu
    3. Regardes-tu 4. Manges-tu

Section II

8 Les stratégies de compréhension orale

A. 1. B
    2. (Suggested writing)
    A. Je pense que je vais entendre à propos d'un train en retard.
    B. Je vais entendre à propos d'un problème technique.
    C. Je vais entendre à propos d'un accident.

B. 1. a. Un problème technique
       b. 4440
       c. Paris
       d. Strasbourg
       e. 14h12
       f. 1h35
       g. 15h47
    2. (Suggested answer)
       Je prédis qu'ils vont être troublés par l'annonce parce qu'ils vont avoir besoin d'attendre pour leur train.

C. (Suggested answers)
    1. Il est frustré et inquiet à cause du délai.
    2. Elle est inquiète mais plus optimiste que M. Dubois.
    3. (Individual answer)

D. (Suggested answers)
    1. Le ton de M. Dubois est plus heureux maintenant parce qu'il s'amuse dans la boutique de cadeaux.
    2. Le ton de Mme Dubois est moins inquiet et plus heureux parce que M. Dubois est plus heureux maintenant qu'il achète des macarons.
    3. Mme Dubois l'a aidé par trouver une distraction amusante à faire pendant qu'ils attendent leur train.

9 La compréhension orale

A. 1. Le message est que le train est en retard à cause d'un problème technique.
    2. Parce que les voyageurs doivent savoir que leur train est en retard.
    3. Les voyageurs qui prennent le TGV numéro 4440 à Strasbourg
    4. Le locuteur dit qu'ils travaillent à régler le problème aussi vite que possible.
    5. Parce que sinon, ils vont être inquiets et frustrés à cause du délai.

B. (Suggested answers)
    1. Il est frustré et inquiet à cause du délai.
    2. Parce qu'il dit, « Mince ! », et il est inquiet d'être en retard à Strasbourg.
    3. Elle est inquiète mais elle pense qu'elle peut trouver une solution au problème.
    4. Parce qu'elle dit, « Ce n'est pas grave ! », et elle suggère de prendre un avion ou de faire un tour à la boutique de cadeaux.
    5. Parce que les billets d'avion sont trop chers.

C. (Suggested answers)
    Votre réplique : Oui, je pense que vous avez raison. D'habitude, les problèmes techniques prennent longtemps pour être réparés.
    Votre réplique : Oui, j'adore les macarons Ladurée ! Je suis d'accord avec vous qu'ils sont les meilleurs de Paris.

D. 1.

    2. (Suggested writing)
    Premièrement, les Dubois attendent leur train. Ensuite, ils entendent l'annonce que leur train est en retard, alors Mme Dubois suggère de prendre un avion. Cependant, M. Dubois dit non. Par la suite, les Dubois font un tour à la boutique de cadeaux. Enfin, ils achètent des macarons.

10 La prononciation et l'intonation

A. 1. Vous allez aimer la surprise !
    2. Mettez de l'épice dans la soupe. Mettez-y de l'épice !
    3. Nous allons faire un tour dans la boutique de cadeaux.
    4. Un orage va entraîner des problèmes techniques et électroniques.
    5. Mme Dubois parle à la personne devant elle dans la queue.
    6. Mme Dubois dépense trop d'argent. Parfois ses achats ne sont pas nécessaires.
    7. Bon anniversaire, Marco !
    8. Je suis heureux d'être invité à ta fête.
    9. Je vais t'acheter un autre jeu vidéo.
    10. Marcelle est invitée à ma fête ce vendredi pour célébrer mon anniversaire.

ISBN: 978-1-77149-210-2

B. 1. a ; a ; a 2. a ; â ; a
    3. a ; â ; a 4. À ; a ; a
    5. a ; à ; a 6. a ; a ; a
    7. â ; a ; à 8. a ; a ; a
    9. a ; a ; a

C. 1. i ; i ; i 2. i ; i ; i
    3. î ; i ; i 4. ï ; i ; i
    5. i ; i 6. î ; I ; i ; i
    7. ï ; i ; i 8. ï ; i ; i
    9. i ; i

D. 1. ↗ ; ! 2. ↘ ; ! 3. ↗ ; .
    4. ↘ ; ! 5. ↘ ; ! 6. ↗ ; !
    7. ↘ ; ? 8. ↗ ; . 9. ↘ ; ?
    10. ↗ ; . 11. ↘ ; ?

11 Les stratégies de communication orale

A. 1. dois 2. détestez
    3. peuvent 4. avons besoin
    5. aimes 6. adore
    7. préfère 8. pouvez
    9. veux

B. (Suggested answers)
    1. Je préfère le chocolat.
    2. Je n'aime pas les films comiques.
    3. Je veux joindre le club de basketball.
    4. Je dois faire la vaisselle chez moi.
    5. Nous pouvons recycler pour protéger l'environnement.
    6. J'ai besoin de faire tous mes devoirs.
    7. Je dois lire des manuels scolaires.

C. 1. puisque 2. donc
    3. pourtant 4. alors
    5. Enfin
    D'ailleurs ; Et

D. (Suggested answers)
    1. les nouvelles sont atroces des fois
    2. que tu te concernes avec les problèmes sociaux
    3. le nom du morceau parce que je ne t'ai pas entendu

La révision 2

A. 1. Un menu
    2. Explicatif
    3. La clientèle du restaurant
    4. Les restaurants
    5. (Suggested answers)
        • Les amis vont discuter le menu.
        • Les amis vont décider ce qu'ils veulent commander.
        • Les amis vont discuter les raisons pour leurs choix.

B. 1. Ils discutent ce qu'ils veulent commander.
    2. (Suggested answer)
        Les tons de voix de Kylie et Serge sont heureux et enthousiastes.
    3. Kosher
    4. Kylie veut commander un repas kascher parce qu'elle est juive.
    5. Ⓚ ; Il veut dire « kascher ».

C. 1. Serge commande une salade fraîche et des légumes parce qu'il aime manger de manière saine.
    2. 🍃 ; Il veut dire « végétarien ».
    3. (Suggested writing)
        Je veux commander la soupe aux légumes parce que j'ai froid, et le riz au poulet parce que c'est sain. Enfin, je veux la tarte aux bleuets parce que j'adore les fruits !
    4. Kylie et moi prenons la soupe aux légumes, mais parce qu'elle est juive, nous commandons des entrées différentes.
    5. Serge commande le canard et gnocchis, mais Kylie ne peut pas commander cela parce que ce n'est pas kascher.

D. 1. Allons-y au parc !
    2. Bon anniversaire, mon ami !
    3. Vous montez des arbres ?
    4. Ton ami Chantal est arrivée.
    5. Je mets des oignons dans la sauce.
    6. Je prends un autobus à l'école.
    7. Mes cousins et moi, nous allons au cinéma ensemble.
    8. Je pense que je vais aller au magasin.
    9. Lucille mange un abricot pour sa collation.
    10. Les exemples dans le livre m'aident beaucoup.
    11. Il y a un enfant là qui joue au soccer.
    12. Les filles ont peur des abeilles.
    13. Amène-moi mon oreiller, s'il te plaît.
    14. Je suis heureuse parce que ma mère m'a acheté une nouvelle robe.

E. 1. a 2. â 3. a ; à ; a
    4. î ; i 5. i ; i ; î 6. ï

F. 1. ↗ ; ! 2. ↗ ; ! 3. ↘ ; !
    4. ↗ ; . 5. ↘ ; ? 6. ↘ ; ?

G. 1. adore 2. détestez
    3. aimes 4. as besoin
    5. préférons 6. peux
    7. veut 8. dois

H. (Individual answers)

ISBN: 978-1-77149-210-2

Section III

12 Les stratégies de compréhension à lecture

A. (Suggested writing)

1er para. : Hergé était dessinateur de bandes dessinées. Une caractéristique qui définit son style est « la ligne claire ».

2e para. : Hergé est surtout connu pour « Les aventures de Tintin » qu'il a publié pendant la Seconde Guerre Mondiale.

3e para. : Les personnages principaux de cette série sont Tintin et son chien, Milou. Ils ont des aventures dans les pays qu'ils visitent.

B. 1. C'est une biographie. Le titre, l'information biographique, les dates, et les descriptions m'aident à déterminer cela.

2. Hergé est dessinateur de bandes dessinées. Son vrai nom est Georges Remi.

3. Il est surtout connu pour la série « Les aventures de Tintin ».

4. Le type de la série est une bande dessinée.

5. « La ligne claire » définit le style de Hergé.

6. (Individual answer)

C. 1. La Corée du Sud

2. South Korea

3. Une bande dessinée

4. (Suggested writing)

a. Arielle voyage à la Corée du Sud avec son chien.

b. Ils visitent le Palais de Changdeokgung.

c. Ils ont une expérience drôle au Palais.

d. Ils ont des aventures à la Corée du Sud.

5. Le Palais de Changdeokgung

D. 1. Palais de Changdeokgung ; explorer ; jardin secret ; perdu ; trouver ; heureuse

2. Elle parle au guide chez le Palais de Changdeokgung. Je le sais parce qu'elle lui parle dans les images.

3. Arielle perd Marco mais elle le trouve.

13 La compréhension à lecture

A. 1. La Seconde Guerre Mondiale
2. Tintin et son chien, Milou
3. Ils ont des aventures dans ces pays.
4. Il est reporteur.
5. (Individual writing)

B. (Individual answers)

C. 1. • Le jardin secret s'appelle « Biwon » en Coréen.
• Il est secret parce que seulement le roi et la reine pouvaient le voir quand il était créé.
• Il y a un étang de lotus, des pavillons, des arbres, et des fleurs.

2. Arielle l'aime parce qu'elle le décrit comme « magnifique » et « beau ».

3. Marco s'est caché dans un arbre et il est tombé. Arielle l'a trouvé et l'a attrapé.

D. (Individual answers)

14 Le but et le sens d'un texte

A. 1. La forme est une publicité. Le but typique de cette forme est de persuader.

2-3. (Suggested answers)

2. L'auteur essaie d'influencer les personnes à améliorer le monde. Je sais cela parce que les images montrent des personnes qui font de bonnes choses pour améliorer le monde.

3. Le but spécifique de ce texte est de persuader les personnes à faire de bonnes choses parce que ça va améliorer le monde.

B. 1. La forme textuelle est un texto. Le but typique de cette forme est de transmettre de l'information ou de salutations, de demander des renseignements, ou d'avoir un dialogue.

2. Un des locuteurs essaie de convaincre l'autre à se dépêcher parce qu'il l'attend. Je le sais parce qu'il dit « Dépêche-toi car chui-là ».

3. La personne doit se dépêcher parce que son ami l'attend longtemps au cinéma. « Car » est utilisé.

C. 1. La forme textuelle est une histoire fictive. L'intention de l'auteur est de narrer cette histoire.

2. L'auteur essaie de générer de l'incertitude et de la peur dans les lecteurs par l'usage d'une atmosphère de suspense.

3. Oui. C'est la culture canadienne française.

4. Cette onomatopée aide à créer le suspense.

D. 1. La forme du texte est un article de magazine. Le titre, les points, l'image, et la légende d'image m'aident à déterminer cela.

2. Le but est de persuader. Cette forme peut bien véhiculer un message persuasif.

3. Oui. L'auteur essaie d'influencer les lecteurs par suggérer qu'il est possible de devenir athlète s'ils suivent les suggestions.

4. (Individual answer)

15 La forme et le style

A. A: des adresses électroniques, une salutation, un message, une formule de politesse, et une signature ; un courriel ; explicatif, persuasif, et narratif

B: une salutation, une question, une réponse, de l'information, et une formule de politesse ; un texto ; descriptif et explicatif

B. 1.

2. Un article en ligne

3. Explicatif et descriptif

4. Je peux identifier ces styles parce que la forme du texte d'habitude suit ces styles, et parce que l'article décrit un produit et explique une comparaison entre deux marques.

5. La première est que L'étoile cellulaire 8 a une technologie imbattable, et la deuxième est que la marque Robo Drone est meilleure que Technologie Étoile.

C. 1.

2. a. Une bande dessinée

    b. Narratif et descriptif

3. L'onomatopée « Bip ! »

4. 2050

5. Il est très futuriste avec des robots et des machines de temps.

D. 1. (Suggested answer)

    Je pense que le but est de narrer un conte populaire.

2. Un titre, des personnages, des descriptions, et un événement

3. Un conte populaire

4. Narratif et descriptif

16 Le vocabulaire

A. 1. A: 1882   B: 777   C: 445

    D: Mille six cent quatre-vingt-quatre

    E: Six cent soixante-quinze

2. 863   3. 551   4. 291

5. Mille soixante-seize

6. Sept cent dix-neuf

7. Huit cent cinquante-trois

8. Quatre cent soixante-deux

B. 1. remarquable ; ennuyeux

2. en vogue ; démodé

3. coûteux ; abordable

4. savoureux ; dégoûtant

5. affreux ; admirable

6. ludique ; embêtant

7. onctueux ; desséché

8. piquant ; doux

9. croustillant ; mou

10. audacieux ; prudent

11. pétrifiant ; ridicule

12. passionné ; réaliste

C. 1. Ils m'aident à déterminer le sujet du texte et le sens des détails du message.

2. 1. Quatorze   2. 25

    3. Deux cent soixante-quinze

D. 1. a. (Individual answer)

    b. membership   c. C

    d. (Suggested answers)

       abonnement, cotisation, affiliation

2. a. (Individual answer)

    b. branch   c. B

    d. (Suggested answers)

       agence, magasin, bureau

3. congratulations ; condoléances ; blâme

La révision 3

B. 1. Para. 1 : Le rendez-vous de M. Terroni est confirmé et il doit arriver à l'heure.

    Para. 2 : Le dentiste de M. Terroni va être Dr. Delaney parce que Dr. Manet est en vacances.

    Para. 3 : M. Terroni peut contacter Beau Sourire pour replanifier son rendez-vous.

2. confirmation ; rendez-vous ; clients ; dentiste ; excuser ; inconvénient ; contacter ; questions ; replanifier ; sincèrement

3. Beautiful Smile

4. M. Terroni

5. Fatima Marcelle

6. C

C. 1. De plus ; parce que ; pendant ; En effet ; jusqu'au ; ainsi

2. Parce que Dr. Manet est en vacances.

3. Dr. Manet

4. Il sera de retour le 3 mai.

5. Parce que le dentiste régulier est en vacances, donc les clients doivent voir un autre dentiste et ça peut les causer un inconvénient.

6. A: Mille quatre cent quatre-vingt-dix-huit

    B: Deux cent soixante-quinze

    C: Sept cent trente

ISBN: 978-1-77149-210-2

7. La secrétaire essaie d'influencer M. Terroni que ce n'est pas grave qu'il doit voir un autre dentiste parce qu'elle ne veut pas qu'un client soit vexé à cause de la situation.

8. "Please arrive on time."

9. Parce que s'il n'arrive pas à l'heure, il va décaler les rendez-vous d'autres clients.

10. "if you want to reschedule your appointment"

11. S'il ne voulait pas voir le nouveau dentiste il devrait replanifier son rendez-vous.

D. 1. Le but du texte est de confirmer le rendez-vous de M. Terroni et de l'informer qu'il doit voir un autre dentiste.

2. Le message principal du texte est que Dr. Manet est en vacances donc M. Terroni doit voir un autre dentiste.

3. Parce qu'il a besoin de préparer pour son rendez-vous et il doit savoir qu'il doit voir un autre dentiste et pourquoi.

E. 1. Des adresses électroniques, un sujet, une salutation, un message, des dates et des horaires, une formule de politesse, et une signature.

2. Un courriel

3. Les styles sont explicatif et persuasif. Je le sais parce que Fatima explique de l'information à M. Terroni et le persuade que le changement de dentiste n'est pas grave.

F. (Suggested synonyms and antonyms)

confirmation ; un nom ; affirmation ; négation

rendez-vous ; un nom ; assignation ; décharge

clients ; un nom ; membres ; patrons

dentiste ; un nom ; médecin ; no antonym

excuser ; un verbe ; pardonner ; accuser

inconvénient ; un nom ; complication ; commodité

contacter ; un verbe ; avertir ; fuir

questions ; un nom ; interrogations ; réponses

replanifier ; un verbe ; modifier ; laisser

sincèrement ; un adverbe ; honnêtement ; malhonnêtement

G. 1. A: Six cent soixante-dix-huit

B: Mille deux cent cinq

C: Huit cent dix-neuf

D: Mille soixante-huit

E: 249

F: 985

G: 1423

H: 431

2. 1866   3. 322   4. 746

5. Cinq cent quatre-vingt-dix-sept

6. Mille trois cent soixante-quatorze

7. Mille neuf cent quatre-vingt-dix-neuf

8. Mille huit cent cinquante-trois

Section IV

17 Le but et l'auditoire d'un texte

A. 1. Encerclez : partager ses sentiments
Soulignez : ses camarades de classe

2. Encerclez : compare les avantages et les désavantages de consommer de la restauration rapide pour le déjeuner
Écrivez : les étudiants de l'école

3. Encerclez : inviter ses amis et sa famille à une célébration
Soulignez : ses amis et sa famille

4. Encerclez : créer un scénario ; pour un projet de film
Écrivez : l'auditoire du film

5. Encerclez : exprimer son appréciation d'une vedette
Soulignez : une vedette

6. Encerclez : fournir des instructions d'usage pour un produit
Écrivez : les usagers du produit

7. Encerclez : suggérer des pratiques environnementales pour l'école
Soulignez : directeur

B. 1. Le but est d'informer les étudiants de l'école à propos des élections pour le conseil d'élèves.

2. Les étudiants de l'école

3. Parce que les étudiants sont les personnes qui vont voter dans les élections.

C. (Individual answers)

D. (Individual answers)

18 La forme et le style

A. 1. Le but est de narrer une histoire personelle.

2. Suzanne et son journal intime

3. Un journal intime

4. Narratif et explicatif

B. 1. Le but est de persuader les étudiants à acheter de la pizza pour lever des fonds.

2. Les étudiants de l'école

3. Une affiche

4. Persuasif et explicatif

C. (Individual writing)

D. (Individual writing)

19 Les règles d'orthographe

A. 1. air ; ère   2. er ; er ; et
   3. erre ; ère   4. é ; ais
   5. er ; ère   6. ait ; é ; er ; é

B. 1. s   2. s   3. ss
   4. ç ; s   5. ss   6. ç ; s
   7. ç ; s   8. ss ; s   9. ç ; s
   10. s ; ç

C. 1. font   2. fais   3. faites
   4. faisons   5. fait   6. font
   7. fais

1. My parents go grocery shopping every Saturday evening.
2. I do my chores after school during the week.
3. You bike together to stay in shape.
4. We go skiing every winter because it is very fun.
5. She goes windsurfing at summer camp.
6. They wait in line at the grocery store.
7. You are going on a trip this summer?

D.

Le mercredi 3 décembre 2020

Cher journal,

Devine ce qui s'est pa**ss**é. C'est incroyable ! Je viens de gagner 1,800$! Peux-tu imaginer ? Mille huit cent dollars !

Avec cet argent, je compte faire du magasinage. Je vais certainement acheter des cadeaux pour ma famille et mes amis pour le Noël. Je vais au**ss**i faire du ski.

Bien sûr si je gagne un million dollars, je vais acheter une voiture électrique pour mon père parce que je fais attention à la consommation d'**é**n**er**gie. Pour ma m**ère**, je vais embaucher un chef personnel qui peut cuisin**er** des plats **s**avoureux et je vais reno**v**er la fa**ç**ade de notre maison. Mais pour maintenant, je suis contente avec le 1,800$.

Sinc**è**rement,
Rorie

20 Les phrases simples

A. (Individual writing)

B. (Individual writing)

C. (Suggested answers)
1. Mon idole est Simone Biles puisqu'elle est une gymnaste fantastique, alors j'ai une affiche d'elle dans ma chambre.
2. Je veux aller à Paris puisque j'adore l'architecture. Pourtant, un voyage là-bas est très cher.
3. Je rentre chez moi à 15h30 chaque jour puisque l'école se termine à 14h45 donc je prends l'autobus à 15h.
4. Un sandwich au jambon ;
Premièrement, trancher le pain. Ensuite, étaler de la moutarde sur le pain. Enfin, ajouter du jambon.

D. A: Celles-ci ; celles-là
   B: Celle-ci ; celle-là
   C: Celui-ci ; celui-là
   D: Ceux-ci ; ceux-là

21 Le processus d'écriture

A. (Individual writing)

B. (Individual writing)

C. (Individual writing and suggested answer)
L'usage de la couleur et des images créent un produit plus intéressant et avec plus de profondeur pour mieux communiquer le message.

D. (Individual answers)

La révision 4

A. A: Encerclez : informer sa classe à propos d'eux
     Écrivez : sa classe
   B: Encerclez : décrire son voyage
     Écrivez : son ami
   C: Encerclez : écrire une histoire fictive
     Écrivez : sa sœur
   D: Encerclez : souhaiter bon anniversaire
     Écrivez : sa mère
   E: Encerclez : inviter ses camarades de classe à sa fête
     Écrivez : ses camarades de classe

B. (Individual writing and answers)

C. 1. ère ; er   2. é ; et   3. aire ; ère
   4. ait ; er   5. erre ; air

D. 1. ç ; S ; s ; ss   2. s ; s ; s   3. ss
   4. s ; s ; Ç   5. s ; ss

E. 1. font ; Lucinda and Maribelle are going camping together this summer.
2. fais ; You are going on a picnic with your family this Sunday.
3. faisons ; My mother and I go grocery shopping on Saturday morning.
4. fais ; I am fishing with my father and my brother.
5. fait ; Claude does the dishes every evening to help his mother.
6. faites ; You and Marie are going skiing this weekend.

F. (Individual answers)

G. (Individual writing)

H. (Individual writing)

ISBN: 978-1-77149-210-2

Le français en pratique

Pratique 1 : Un journal intime

A. 1. Un journal intime
   2. Le but est de narrer des histoires ou des événements.
   3. (Suggested answer)
      Narratif, explicatif, et descriptif
   4. La Guyane   5. Oui
   6. (Suggested writing)
      • Je prédis que Maribelle va décrire un événement.
      • Je prédis que Maribelle va discuter la Guyane.
      • Je prédis que Maribelle va discuter sa famille.
B. 1. Parce que les médias internationaux montrent son pays comme un endroit trop dangereux pour y visiter.
   2. Elle la trouve très paisible.
C. 1. Un 3e enfant a été attaqué par un scorpion à Matoury.
   2. La Guyane est trop dangereuse pour le visiter parce que l'image et le titre de l'article incite de la peur dans les lecteurs.
   3. Elle utilise un plat guyanais que sa mère a fait.
   4. Cet exemple crée une image d'une famille guyanaise qui fait des choses familiales ensemble paisiblement.
D. (Individual writing)
E. (Individual writing)
F. (Individual writing and answer)

Pratique 2 : Un conte populaire

A. 1. folktale   2. werewolf
   3. Les communautés francophones
   4. (Suggested writing)
      • Il va être une histoire à propos du Rougarou.
      • Quelqu'un(e) va narrer une histoire à propos du Rougarou à un(e) enfant.
      • Le Rougarou va attraper cet(te) enfant.
B. 1. Acadia Cormier
   2. (Suggested answer)
      Elle est très maline car elle triche, vole, et se moque des autres. Elle est la pire fille. Elle est méchante.
   3. Il se passe en Louisiane.
   4. Parce qu'Acadia n'est pas gentille.
C. 1. Ma supposition : (Individual answer)
      La définition : À cette heure
   2. ici
   3. (Suggested answer)
      Je pense qu'elle a peur.
   4. (Suggested answer)
      Je pense qu'elle va trouver de l'information à propos de comment s'échapper du Rougarou.

D. 1. Des instructions
   2. Les caractéristiques sont un titre, un sous-titre, des étapes à suivre, et des images.
   3. Explicatif
   4. Parce que le texte explique aux lecteurs comment s'échapper du Rougarou.
   5. Narratif, descriptif, et explicatif
E.

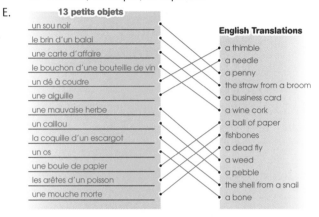

F. 1. Le but est de persuader les enfants à se comporter sagement.
   2. Les enfants
   3. La morale est que les personnes devraient être gentilles et agir sagement ou quelque chose mauvaise peut arriver.
   4. (Individual answer)
   5. (Suggested writing)
      Acadia décide de s'excuser à André et de se comporter sagement à l'école et à la maison. Alors, le Rougarou ne vient pas l'attraper.

Pratique 3 : Une biographie

A. 1. Narratif, descriptif, et explicatif
   2. Hector Hyppolite
   3. Il est peintre.
   4. Un titre, des sous-titres, de l'information biographique, des descriptions, des images, et des légendes d'image.
   5. Le but est d'informer des personnes à propos de la vie d'une personne importante.
6. (Suggested answer)
   Les collecteurs des œuvres d'art
7. (Suggested writing)
   a. Les dates importantes dans la vie d'Hector
   b. Une description du style de peindre d'Hector
   c. Les influences d'Hector qui sont reflétées dans ses peintures

Réponses Answers

B. 1. La biographie commence dans le style descriptif parce qu'elle décrit Hector Hyppolite.
   2. a. St. Marc et Port-au-Prince
      b. Haïti
      c. Port-au-Prince

C. 1. (Suggested synonyms)
      période ; curé ; composition ; dieu
   2. (Individual questions)
   3. Il a reconnu un intérêt dans le vaudou chez les collecteurs des œuvres d'art.
   4. (Individual answer)
D. 1. (Individual answer)
   2. a. Deux cent cinquante
      b. Six cents
      c. Mille neuf cent quarante-huit
   3. Il a peint des scènes vaudou parce que son travail était surtout influencé par sa carrière comme un prêtre vaudou.
   4. Parce que même s'il n'était pas formé dans l'art, il est de toute façon une légende parce que ses peintures sont très célébrées et intéressantes.
E. (Individual writing)
F. (Individual writing)

ISBN: 978-1-77149-210-2